# 抱緊那個愛你的孩子

Give That Kid A Hug

在成長過程中，孩子出現問題是難免的。

林立芬 編著

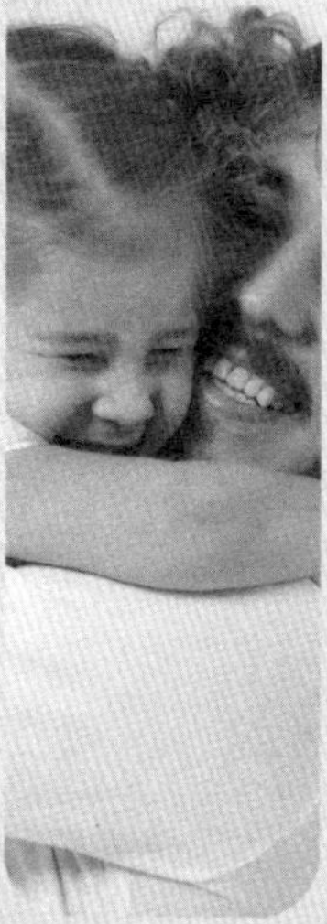

國家圖書館出版品預行編目資料

抱緊那個愛你的孩子 / 林立芬編著. -- 初版.
-- 新北市 : 雅典文化, 民105.03
面 ; 公分. --(現代親子 ; 32)
ISBN 978-986-5753-63-4(平裝)
1.親職教育 2.子女教育

528.2 105000926

現代親子系列 32

# 抱緊那個愛你的孩子

編著／林立芬
責編／廖美秀
美術編輯／姚恩涵

法律顧問：方圓法律事務所／涂成樞律師

總經銷：永續圖書有限公司
永續圖書線上購物網
www.foreverbooks.com.tw

CVS代理／美璟文化有限公司
TEL：（02）2723-9968
FAX：（02）2723-9668

出版日／2016年03月

雅典文化

出版社
22103 新北市汐止區大同路三段194號9樓之1
TEL （02）8647-3663
FAX （02）8647-3660

Contents

## Part 1
## 多站在孩子的立場上想



## Part 2
## 善待孩子的不足

## Part3

## 製造有利的成長因素



## Part4

## 讓孩子懂得愛

Contents

## Part5

## 把家庭學習進行到底



## Part 6

## 培養孩子的生活適應能力

# 抱緊那個愛你的孩子

父母必須在開發孩子智力的同時，
也注重孩子的心理健康。
請記住，要抱著厚望去教育孩子，
而不是抱著慾望或野心，這樣才能把孩子教好。

Part 1

# 多站在孩子的立場上想

Give That Kid A Hug

# 孩子就是孩子

很多父母為孩子提供能力所及甚至是力所難及的物質條件，可是在精神上卻經常忽略孩子的需求，使孩子的情感和人格缺乏應有的尊重。

有一個這樣的母親，她的女兒在考試中雖然兩門功課共得了一百九十七分的高分，可是她依然難過得直流淚。站在一旁的女兒看著媽媽痛苦，感到十分困惑，不能理解媽媽為何如此傷心。其實這位母親就是忽略了孩子的感受，因為她一心一意地希望孩子達到自己心目中的標準「滿分」，孩子沒有達到她的需求，她就感到傷心。

其實她應該換個角度看看孩子：她努力了，得了一百九十七分，應該為此感到高興。可是這位母親只關注自己的感受，卻忽略了孩子的感受，孩子幼小的心裡就會產生疑問：「媽媽，這就是愛我嗎？」

只有能夠真正地換位思考，才能成為一個智慧型的父母，你的投入才能有成果。

在培養孩子的過程中，西方人對待孩子在生活上只要求吃得有營養，穿得舒服就可以了，他們更重視的是孩子的精神需求和對孩子人格的尊重。

在很多人的印象中，認為西方國家的父母對孩子非常放縱，孩子想做什麼就做什麼。其實不然，西方國家的許多父母也是極為重視孩子的家庭教育，從生活到學習上都有嚴格的要求，但在對孩子的期望值方面從不強加於孩子的身上。而台灣的父母親關心孩子上什麼樣的學校，美國的父母親則關注孩子適合做什麼。

在台灣許多的家庭教育中卻普遍地存在著許多與此截然不同的東西，在物質方面應有盡有，而精神方面卻不去認真地為孩子設身處地的著想，更談不上尊重孩子的人格、自尊以及愛好了，而是以自己的好惡去代替孩子的理想，簡直可以說是「以父母之心，度孩子之腹」了。這就是教育理念上的差異。

比如對待孩子考試分數的問題上，許多父母出於本能的愛，希望孩子第一，可是由於要求太高，讓孩子覺得不堪重負。甚至在孩子已經取得了好成績的情況下，也不是去鼓勵孩子，而是提出更高更苛刻的要求。

在生活中，很多父母都極端寵愛孩子，為孩子提供能力所及甚至是力所難及的物質條件，寧可自己省吃儉用，也要讓孩子應有盡有。可是在精神上卻經常忽略孩子的需求，對孩子的情感和人格缺乏應有的尊重，更談不上去鼓勵他們。

因此我們認為，要明白鼓勵的重要性，其關鍵是要學會如何看待孩子，其中最重要的，就是把孩子當孩子看待。孩子是正在發展中的人，還不完善，不成熟，然而孩子具有潛能，具有潛在發展的可能性，更需要關心、關注和愛護。

在成長過程中，孩子出現問題是難免的，沒有問題就沒有成長，孩子就是在不斷解決問題的過程中成長起來的。而且有時問題雖然出在孩子身上，關鍵卻是在父母或學校。

父母不要用自己的高標準去要求孩子，而要用孩子所需要的去關心孩子，因為孩子畢竟還是孩子。

# 如何「讀懂」孩子的心

如果你能夠把孩子當成一個在人格上與你平等的人，教育中的許多問題就好解決了。

我們先來看美國的專家曾經進行過的一個調查：

這個調查的目的是希望發現一個簡單的答案：孩子喜歡父母做哪些事，孩子不喜歡父母做哪些事。

調查的對象是一百五十名兒童，年齡在四到十一歲之間，他們的家庭背景各不相同。他們大多數是正常的兒童，能夠適應環境，沒有心理問題，生活習慣正常，他們愛他們的父母，知道他們的父母都是很關心他們的。

可是，令專家們驚訝的是，在談到他們怎樣看待自己和父母之間的關係時，這些孩子在談話中竟然流露出憤怒的情緒。而且，孩子們一個接一個地談到他們自己的暴力行為：「把東西弄壞」「把我的弟弟狠揍一頓」「把廚房的器具砸碎」……

一個五歲的孩子居然這樣說：「我憤怒的時候，我就跑到浴室裡去，拼命尖叫。」

把孩子當成在人格上與你平等的人，這是你學習鼓勵教育的第一步。而要做到這一步，所面臨的首要問題是：你真的瞭解孩子的需要嗎？

他們都不是所謂的「問題少年」，但是他們為什麼會有這樣的表現呢？雖然人們很容易從外來的影響上尋找原因，比如說媒體中播放的暴力行為，大眾文化中的暴力成分等等。但是我們相信主要的原因還是在家裡，而且是在他們父母的身上。

從這些孩子的言談調查中發現，孩子最想要的東西是：

1.「我要你們陪我！」

大多數的父母都強調他們的工作很忙，很少有空閒時間陪孩子，但是儘管如此，孩子還是希望父母親和他們待在一起的時間多一些。他們不是要父母親心不在焉地坐在那裡，而是要父母親和他們一塊玩，給予他們全部的注意力。

一個四歲左右的女孩直接了當地說：「我要媽媽和我一塊玩娃娃，但是她打電話打個不停。」而另一個十歲左右的男孩則抱怨說：「我的爸爸總是工作，不工作的時候也是想著工作，從來就不陪我玩。」

幾乎所有的孩子都抱怨父母要做的事情太多，因此對他們的關注不夠。在此我們建議，父母要儘量妥善的安排好時間，設法和孩子專心玩上一段時間。

2.「我需要父母親關心我」

孩子渴望父母的關心是一個很普遍的需求。很多孩子之所以憤怒與焦慮，最主要的原因就是父母沒有好好地關心孩子。

現代社會的快節奏步調使得很多父母都忙於工作，而孩子們需要有形的方式來感受父母對他們的保護與關愛，而不是簡單地給他們吃飽、穿好。

就寢前是孩子最脆弱的一刻，很多孩子反覆地提到要父母來看看他們是否睡熟，就是一個很好的證據。在調查中，很多孩子都有這樣的希望，「母親過來緊緊地抱我一下」「父親走過來坐在我身邊」。一個上幼稚園的女孩說：「我喜歡我睡覺的時候，父母親走進我的房間，輕輕地吻我一下。」這話道出了很多孩子的心聲。這些不同年齡的孩子都說：「當媽媽從工作的地方打電話來時，會感到很高興。」

這些表示關愛的小動作讓孩子感到父母的存在，傳達了這樣一個訊息：「父母不在身邊不等於他們不想你。」

3.「我喜歡全家在一起」

孩子們喜歡固定的家庭活動，當孩子們談到家庭活動的時候，他們並不是指那種大把花錢的大場合，孩子們流露出他們是多麼喜歡那些平常的、反覆舉行的活動。

對一個孩子來說，這意味著每星期全家的聚會：大家聚在一起租影片；大家一塊吃送上門的披薩；爸爸每星期從一套冒險系列故事中讀上一篇給大家聽……實際上我們經常發現，當孩子們講述這些情景時，從他們的臉上是可以讀到快樂與放鬆。

美國的著名心理學家和行為學方面的專家格林斯潘最近出版了《智力發展》一書，充分論述了父母的感情交流對兒童智力發展的影響。他之所以強調父母要經常和子女溝通、做語言的交流和一起玩耍最主要的原因是因為它是增強兒童智力發展最有效的教育方式。

4.「我不喜歡父母對我大聲叫嚷」

在調查中，所有孩子都承認，當父母親對他們叫嚷時，他們的感覺是最糟糕不過了，雖然他們也認為有時候叫嚷是必須的。

有幾個孩子說：「父母大聲叫嚷的唯一目的就是讓我們聽話。但是頻繁的叫嚷，特別是在父母親失去控制以後的叫嚷更使自己很難受。」

對父母的叫嚷，不同的孩子有相同的意見。

一個幼稚園的孩子說：「我的爸爸媽媽叫嚷的時候我很怕。」

一個一年級的孩子說：「當看到父親的臉漲得通紅時，我很怕他會心臟病發作。」

對於大一點的孩子來說：「父母的這種怒氣具有傳染性。」

一個五年級的學生說：「當母親尖叫的時候，我感到我也想對著她尖叫。」

因此專家提醒為人父母者：發現孩子有什麼不足之處，千萬不要大驚小怪，要坦然處之。必須明白的是，大喊大叫是沒有什麼作用的，要透過細心的教誨才能得到好的結果。更重要的是，許多父母忘記了一點：在孩子有什麼失誤的時候，往往是最需要理解和鼓勵的時候。

以上這些例子足以提醒父母們：在這種情況下，與孩子進行有效溝通的最好方法就是不斷的鼓勵孩子。

# 相信孩子不會永遠叛逆

正確引導孩子的叛逆心理是使他們走向成功的重要方法。為了瞭解孩子的情緒，我們更應該要清楚的知道兒童心理發展的特殊時期。

在一次心理諮詢時，一個孩子的媽媽說：「我的兒子欣欣，小時候很聰明，小學成績好，也很聽話。可是上了中學後，只喜歡聽流行音樂，玩電動，學習成績下降。我們大人說說他，他總是和你頂嘴，真讓人生氣！」

剛進入國中階段的孩子，最顯著的特點是「變」。生理上在變，孩子開始發育了；心理上也在變。父母會發現，不知從什麼時候開始，孩子變得不聽話了，你要他往東，他偏要往西。這種現象在心理學上稱之為「叛逆心理」。這個時期：心理學上稱之為「心理斷乳期」。

在這個時期，我們不難發現，父母不準他這樣，他就會又哭又鬧，沒完沒了。從前聽話的孩子也會變得有些調皮、不聽話了。雖然這些表現在不同的孩子身上存在著不同的差異，但卻是一種普遍的現象。總之，他們想要有自我選擇與決定意願的權力，不再事事都徵求大人的意見，甚至有了自己為人處事的原則。

因為採取的方法不同，就會收到不同的，甚至是截然不同的教育效果。

從小學進入中學，對孩子來說是一個進步。他們認為自己已經不再是一個小孩子了，獨立活動的願望變得越來越強烈。他們一方面想擺脫父母，自行作主；但另一方面，又必須依賴家庭。這個時期的孩子，由於缺乏生活經驗，無法正確的理解什麼是自尊，只是強烈的要求別人把他們當作是成人。

如果這時父母還把他們當孩子來看待，他們就會厭煩，就會覺得是傷害了他們的自尊心，因此而產生反抗的心理，萌發對立情緒。難怪此時，父母常常抱怨孩子越來越不聽話，孩子卻說父母嘮嘮叨叨，真煩人！

這個時期的孩子，儘管自我意識發展了，但自我控制能力還很差，常會無意識地違反紀律，卻又缺乏正確的判斷力；喜歡批評別人，但又片面；喜歡懷疑別人，卻又缺乏科學依據。因此，父母僅僅滿足於表面上瞭解孩子是不夠的，父母必須學習一些心理學的知識，必須瞭解「心理斷乳期」的真正意涵。

心理斷乳期實質上是青少年隨著身心的成長發育，逐漸從依賴於父母的心理狀態中獨立出來，自己判斷、解決自己所面臨的新問題，這是一個人邁入社會的進化過程，是一個人從幼稚到成熟的轉折時期。因此，父母要正視孩子正在成長，要尊重孩子的自尊心，要與他們建立一種親密平等的朋友關係。

要相信孩子有獨立處理事情的能力，盡可能的在他們需要的時候支援他們，尤其在他們遇到困難、失敗的時候，父母應鼓勵、安慰他們，幫助他們分析事物、明辨是非、正確的處理問題。另一方面，父母又不能過於遷就孩子的不合理要求和不良的行為，以防孩子往後總是用反抗的方式來要脅父母、達到自己的目的。對於比較嚴重的反抗行為，父母可以採取獎賞訓練的方法，來強化孩子的順從行為。

在孩子的心理發展過程中，有兩個特殊的心理發育期，這也是孩子的叛逆心理最容易形成的時期，父母們必須高度重視，在教育的過程中正確的加以把握。

二到五歲是孩子心理發展的第一個特殊時期。

在這個時期，我們不難發現，孩子連湯匙都拿不好，卻偏偏要自己吃飯。父母不準他這樣，他就會又哭又鬧，沒完沒了。

如果父母不分青紅皂白，一味地逞「父母威風」，態度過於強硬刻板，方法簡單粗暴，常會導致孩子更加強烈地反抗，從而成為孩子不良性格的基礎，甚至直接導致他們退縮、孤僻等性格的形成。

如果能夠正確認識孩子這一特殊的心理發展時期，採取以退為進的方法，在孩子不聽話、固執己見時，暫時依著他，然後循序漸進、因勢利導，使其順利度過這一時期，則不失為對他們的成長既有效也有益的做法。

十二到十五歲是兒童心理發展另一個特殊的時期，又稱危險期。

這是孩子青春發育期，也是他們最容易出現各種問題的時期。一直很聽話的孩子也變得不太聽話了；父母教育他，他不但不聽，還常常對父母發脾氣；做什麼事都愛我行我素，情緒易衝動等等。也可以說，這一時期是他們最不安定的時期。

這一時期如果教育方法不當，將會導致孩子的各種心理障礙，嚴重的還有可能導致孩子離家出走，甚至出現我們做父母不願意看到的更為嚴重的後果。因此，在教育的過程中，除了因勢利導外，還必須特別慎重。

父母應儘量與孩子多溝通，多些親子間的互動，以瞭解他們的心理，掌握他們的想法動態，融洽的與孩子培養感情，切忌採取權威的壓制辦法。

事實證明，權威的壓制不但收不到良好的教育效果，反而會適得其反。父母此時只要恰當地把握好一個「準則」。既不能讓孩子感到害怕，又不能放任自流。只有這樣，才能促進他們心理健康的成長。

總之，只有正確的認識和把握孩子發育的兩個特殊時期，才能使我們的家庭教育做到應有的放矢，從而為他們健全人格的形成打下良好的基礎。

人們經常聽到一些父母這樣的抱怨：「現在的孩子，生活條件越來越好，可是脾氣卻越來越強，總是不聽話，愛跟你唱反調，這到底是怎麼一回事？」

這其實這就是孩子產生了叛逆心理。

現在孩子由於社會環境的日益富裕與自由，他們的自我意識非常強烈，主觀能動性很強。因此他們對父母的要求和安排不會一味的服從，往往喜歡「獨立」。父母如果不瞭解孩子的這種心理特點，一味的訓斥、打罵，就會使他們產生兩種不良後果：一種是遇事唯唯諾諾，膽小怯懦；另一種是固執任性，膽大妄為。

而產生叛逆心理的原因，大致上有以下幾點：

1. 自尊心受到傷害

現在，有些父母還是滿腦子「不打不成器」的觀念。認為「嚴」就是體罰，很少考慮孩子的自尊心，總是隨意在外人面前揭孩子的短處說孩子的缺點，諷刺、挖苦孩子，甚至有時還會對孩子動粗，這樣孩子就會越大越不聽話。這種方法一旦走向極端，就是逼孩子往歪路上走。

正確的做法是：理解孩子，尊重孩子，把他們當作一個開始有獨立意識的小夥伴，有事商量著辦，平等相待，循循善誘，以理服人，以情動人，千萬不可居高臨下，以勢壓服。

2. 好奇心受到壓抑

好奇之心，人皆有之，但是孩子的好奇心更是強烈。這個世界對他們來說充滿了神祕和驚奇，大人司空見慣，不以為然的事物，他們都要問問、玩玩、摸摸，有時就難免會闖禍。如果父母不瞭解他們的好奇心，認為這是胡鬧，不分青紅皂白地呵斥、打罵孩子，自然地就會引起他們的不滿情緒。明智的辦法就是誘導他們、鼓勵他們。

父母應該這樣告訴孩子：你想知道的事情，我們也很想知道，你如果告訴爸爸媽媽，我們會想辦法幫你解答問題的。如此一來，既滿足了孩子的好奇之心，又可以讓他們懂得不少道理。

3. 父母反覆嘮叨

俗話說：「話多如水。」可是很多父母在教育孩子的時候，偏偏要反覆、嘮叨個不停，就怕孩子記不住。然而如果孩子長期處於這種沒完沒了的說教當中，就會產生抵觸情緒，產生叛逆心理。即使明知道父母說得有理，他們也不樂意聽。這其實也是不尊重孩子的表現。

所以，在教育孩子時，必須要言簡意賅，留給他們思考的空間，孩子有了自己的想法，相對的就容易接受大人的意見。

4. 期望不切實際

現在父母大多望子成龍、望女成鳳，他們往往忽視了孩子自身的素質和能力，常不考慮他們的興趣、愛好，而強迫孩子接受自己煞費苦心設計好的藍圖，硬要他們去做一時還難以做到的事情。其實這樣做的結果只會是適得其反，甚至是一事無成。因為，這種揠苗助長的做法，很容易引起孩子的對立情緒。

正確的做法應該是，父母提出的要求，應該比孩子的實際能力略高一點，讓他們「跳一跳就能摘到樹上的果子」，讓他們經過努力，都能圓滿完成任務，享受到成功的喜悅。這樣孩子就會不斷的增強自信心和成就感。

因此，千萬不要不顧其心理發展的階段，而強逼孩子做一些無法達成的事。諸如，學識字、練鋼琴等，這種超越兒童心理發展階段的做法，很難看到好的成果，甚至會適得其反，把孩子逼出問題來。

當然，對於孩子的真正叛逆心理，也是有辦法克服的，這就是心理學稱之

「感化——說服——感化」的方法。這是指：在說服對方之前先進行一番感化的工作。

我們發現，小孩子產生叛逆心理的時候，有的父母就會立刻責問「你為什麼要唱反調」，採用直接管教的方法。研究發現，使用這種方法，孩子在想反省之前，心中便先產生了反感及反抗的心理，所以無論多大聲地責罵他，也收不到效果。

如果是聰明的父母，他們會鼓勵孩子說「你努力了」、「你已經夠好的了」等，這就是我們所說的前期感化工作。經過這一番努力，然後指出孩子失敗的原因，這是主要的目的。最後，父母還不要忘了安慰孩子，比如說「再稍微注意一下，你就能做得更好」等。

二到五歲是兒童心理發展的第一個特殊時期，這時孩子到了「心理斷乳期」。十二到十五歲是兒童心理發展的另一個特殊時期，又稱危險期，是孩子青春發育期。在這兩個時期，一直很聽話的孩子往往會變得不太聽話了。很多父母認為這是叛逆行為。

其實，這是孩子成長的表現。為人父母者必需把握住這個時機，因勢利導鼓勵他們，這對他們的個性形成很有幫助。

# 給予孩子發自內心的鼓勵

鼓勵是孩子成功的靈丹妙藥，經常給予孩子發自內心的鼓勵，優秀的孩子會更加優秀，失去信心的孩子可以重拾信心。

成人世界將「喜、怒、哀、樂，不形於色。」當成是一種修養到家的表現，孩子則是十足的「喜、怒、哀、樂，形於色。」這也就是說：孩子是天真無邪的，他們的喜、怒、哀、樂，通常也都是很真實、很強烈的，往往直接支配著他們的行為。有些事情，在成人看來只是芝麻綠豆大小的事，可是在孩子的心目中，常常會激起十分強烈的情緒波動，甚至引起情緒失控，而且伴隨表情、聲調、手勢和姿態的變化。

與成人相同，孩子的情緒也有負面情緒和正面情緒之分。大約一歲左右，孩子的情緒開始發生改變，兩歲時就出現各種基本情緒，如：憤怒、懼怕、焦慮、悲傷等負面情緒和愉快、喜悅、歡樂等正面情緒。正面的情緒對孩子的身心發展，能達到前進的作用，有助於孩子潛在能力的發揮；負面的情緒則會使孩子的人格出現偏差。

一個人情緒反應的強度和持久程度，在一定程度上取決於他對於觸發情緒反應情境的理解、認識和評價。年齡越小的孩子，對情境的理解、認識和評價大多會取決於其本身的需要是否得到滿足。一個兩歲多的孩子，可以因為媽媽不給他一顆糖果而號啕大哭，也可以因為後來得到糖果而破涕為笑，這在成人眼裡是不可思議的。

對孩子來說，產生情緒是再平常不過的事了。當一個成人發脾氣的時候，旁觀者通常是好言相勸。然而，當一個孩子發脾氣的時候，他受到的可能是斥責，甚至會挨打。實際上這是不公平的。

孩子在生活中產生的負面情緒，父母應以適當的方式給予宣洩。情緒一旦產生，宜疏導而不宜壓抑。精神分析學派的奠基者弗洛伊德，充分肯定了情緒的宣洩，可以維護心態平衡的作用，他認為，講出一切來，能減輕精神上的症狀。當孩子在遭遇到挫折或者感受到不愉快時，讓他能夠不受壓抑地，透過語言或非語言的方式表達出自己的情緒，便可以減輕他心理上的壓力。例如，孩子會把哭泣，當作為一種情緒宣洩的一條重要管道。

幾乎所有的孩子，都是以哭的方式來緩解自己的情緒，因為哭能使孩子在緊張的狀態中變得輕鬆。所以有人說過，最殘忍的事，莫過於不讓孩子眼眶裡的淚水往下淌。

這句話並非嘩眾取寵，因為在這種情況下，孩子只能強行壓抑自己，其內心不良的情緒感受會變得更加強烈，積壓的不愉快只會傷害其自身。

哭是孩子情緒宣洩的一條重要管道，是孩子情緒的自然流露，但絕不是唯一的管道，而且也不是最好的管道。因為使用這種方式宣洩情緒，往往不會引起周遭的同情和理解，相反的，常會使人感到煩躁不安，這樣成人就會運用權威的方式加以壓抑。

讓孩子學習合理的宣洩自己負面情緒的方法和技巧是很重要的。合理宣洩情緒的方法和技巧，應該是既不影響孩子的身心健康，又不至於引起成人不愉快的反應。

最值得鼓勵的辦法就是傾訴。因為傾訴是合理宣洩情緒的良好途徑。

要鼓勵孩子學習在遭遇衝突或挫折時將心中的感受告訴他人，以尋得認同、理解、安慰和鼓勵。因為孩子對成人有很大的依賴性，成人對孩子表現出的認同和寬慰，能緩解或消除孩子的心理緊張和不安的情緒。即使在孩子的傾訴並不合乎情理的情況下，也要耐心的聽下去。至少保持沈默，等待情緒的「風雨」過後，再與孩子細作討論。

還有一種辦法就是，鼓勵孩子轉移自己的注意力。

要讓孩子學習遇到衝突或挫折時，不要將注意力集中在引起衝突或挫折的情境之中，而應該儘快地擺脫這種情境，投入到自己感興趣的活動中去。例如，孩子為了玩玩具而與其他孩子發生了爭執，父母可讓他到室外去踢一會兒球，在劇烈的運動中將累積的負面情緒宣洩到其他地方。

總之，宜疏不宜堵、宜鼓勵不宜壓制，這是讓孩子走出負面情緒的妙方。

# 如何幫助孩子克服消極的心態

讓孩子獲得積極情緒的最重要方法：欣賞他們的優點，鼓勵他們要有勇氣，為他們的成功喝采。

某幼稚園大班有一個男孩，平時經常暗中欺負其他孩子，大家都畏懼他，對他敢怒而不敢言。一天老師讓大家集體創作《百猴圖》，那個專門欺負人的男孩畫了一個孫悟空，十分得意地把孫悟空剪貼在牆上。

很有意思的是，那些常受他欺負的孩子們，不約而同地都畫了手拿金箍棒的孫悟空，個個怒目對視、殺氣騰騰。他們又不約而同地，把所畫的孫悟空剪貼在那個小男孩剪貼的孫悟空周圍。

當大家看到那個孫悟空，被一群手拿兵器的孫悟空團團圍住，顯得十分狼狽和孤立時，都高興地跳了起來。他們借助了孫悟空的手，「報復」了平時欺負自己的孩子，即使他們「報復」所選擇的是替代物品，但是也會像「報復」原來的對象一樣，達到一種心理上的滿足。

孩子就是孩子，不是洋娃娃，不會永遠笑眯眯的。不管是多麼小的孩子，都有屬於他們自己的內心世界。也就是說，孩子不僅有歡樂，還有悲傷和憤怒。

有些孩子會自覺地，借助一些消極的心理防禦機轉去應付壓力，來緩解自己的消極情緒。偶爾運用一些合理化現實的心理防禦機轉，能夠暫時緩解孩子的心理緊張和不安。但是，如果不適當地、過分地運用一些嚴重歪曲現實的心理防禦機轉，則會使孩子陷入更深的心理漩渦之中，造成孩子將來對社會的適應不良，從而破壞孩子人格的健康成長。

孩子在平時所受的欺負而產生的情緒感受，總是要千方百計的發洩或表現出來，當他們將自己情緒的發洩對象「轉移」，找到了一個合適的替代對象時，這種做法就會產生積極的結果。

當然，同樣的心理防禦機轉，如果運用得不適當，或者過多的運用，往往會帶來消極的結果。

父母對孩子的悲傷、憤怒等消極情緒，應該採取妥善的方法來進行處理。因此，要十分注意孩子是如何應付各種心理壓力，來宣洩自己的消極情緒。如果發現孩子經常運用壓抑、自我懲罰、幻想等方式去解脫情緒上的困擾，就應該及時糾正，教導他們以積極的應付方式去替代那些被動的、消極的應付方式。因為這樣做對孩子人格的健康成長是十分必要的。

父母應該妥善處理孩子的消極情緒，其基本原則是：

1. 不能妄加責備

有的父母對於孩子這些消極情緒，採取不管不問的態度或一味的加以責備，這不是恰當的。例如，一個受到父母嚴厲責罵的孩子，當著父母的面可能會「忍氣吞聲」，可是一旦離開父母，他就可能透過破壞玩具，或者欺負同伴等方式，來發洩自己的情緒。由於他「轉移」的發洩對象不適當，儘管他的做法使他得到了暫時的滿足，但是，他的態度和行為卻不能被社會所接受，有可能使他陷入惡性循環之中。

2. 不能聽之任之

有時候，孩子的消極情緒十分激烈，常常會向父母提出各種要求。在這個時候，很多父母都會遷就孩子的行為，並加以放縱。孩子只要一次達到了目的，以後如果父母加以拒絕，孩子就會用發脾氣，哭鬧等方式來達到自己的目的。因此，父母面對這種情況，應該採取理智的方式處理，不要縱容孩子這種消極的情緒。

3. 要多一分理解和關懷

孩子出現消極情緒是不可避免的。當這種消極情緒出現的時候，父母須先想辦法進行無害的引導，讓孩子的消極情緒得到充分的宣洩，以幫助孩子調適不良情緒，恢復內心世界的平衡。

有的父母對孩子的消極情緒，採取壓抑的辦法，這是不恰當的。研究說明，對孩子的不良情緒加以壓抑是有害而無益的，不是使孩子情緒越來越壞，就是讓孩子變得越來越內向、沈默，甚至遇到事情退縮不前。對孩子的情緒不予理睬，會嚴重地傷害孩子的心，孩子會對父母失望，時間久了，父母與孩子之間會產生隔閡。父母和孩子之間，若常常在感情上溝通不暢，往往會形成父母不理解孩子，孩子也不理解父母，於是親子間的代溝也逐漸的形成。

4. 要多一分尊重和鼓勵

有一種觀點認為：父母和孩子之間出現相互不理解的情況，不是由於沒有愛，而是父母缺乏對孩子足夠的尊重與鼓勵。對孩子尊重與鼓勵，是理解孩子和教育孩子的重要方法之一。

父母千萬不要以為孩子太小，沒有什麼尊重可言，任何一個年齡階段都有自尊心，只是表現方式不同而已。父母應該明白，孩子情緒不好時，特別是當情緒很不滿時，任何的批評、忠告都是聽不進去的，更不要說斥責了。在這時候，孩子十分希望得到父母的支持與鼓勵。因此遇到這種情況，父母不妨順著孩子的心意，對他表示充分的理解，以便平衡孩子激動的心。事情過去之後，再心平氣和的把道理向孩子講清楚。

5. 寬容孩子的失誤

孩子由於尚處於身心發展階段，所以認知能力、思維發展、自我控制等能力也比較差，因此，犯一些小錯誤是難免的，也是情有可原的。如果對其要求過於苛刻，勢必會造成負面影響，嚴重挫傷孩子的自尊心與自信心。過多的指責會使孩子處於無地自容的境地，時間久了，孩子就會形成一種消極的觀念：如「我不行！」「我做不了！」，進而埋下自卑的種子。

也可以說，孩子是在犯錯中學習和成長的。如果父母對孩子有錯必究，無疑是阻礙了孩子學習的途徑。降低學習效果。父母經常指責，會使漠視父母的指責成為孩子「習慣化」的行為。這樣不但對孩子自身優良品德的培養不利，而且會降低教導的效果，影響親子間的關係。

如果父母對孩子有錯必究，容易使孩子形成這樣一種念頭：「我不是爸爸媽媽所愛的，若是愛我，爸爸媽媽不可能對我這麼凶。」於是從心理上疏遠了父母，影響父子、母子間的感情。

經驗證明，鼓勵的方法是最有效的。對任何人而言，情緒都是非常重要的。重要到什麼程度？孩子童年的快樂或憂愁，對孩子的一生都會產生很大影響。

情緒是什麼？情緒就是一個人的喜怒哀樂。有的人比較快樂，有的人比較憂愁，快樂可以使人心曠神怡，憂愁就會令人黯然神傷。

毫無疑問，快樂可以給孩子帶來歡樂和幸福，孩子的幸福對父母來說是最重要的。憂愁會給孩子帶來苦悶和痛苦，孩子的痛苦對父母來說也是很重要的。父母應該明白，孩子童年的快樂或憂愁，都會給孩子形成極大的影響。

那麼，情緒是怎樣產生和形成的呢？我們來聽一聽專家的說法：

### 布里奇斯的理論

加拿大心理學家布里奇斯的情緒分析理論，是比較著名的理論。她透過觀察一百多個嬰兒，提出了關於情緒分化較完整的理論和零到兩歲孩子情緒分化的模式。

布理奇斯認為：初生嬰兒只有皺眉和哭的反應。這種反應是未分化的一般性活動，是強烈刺激引起的內臟和肌肉反應。三個月以後，嬰兒的情緒分化為快樂和痛苦。六個月以後，孩子的情緒又分化為憤怒、厭惡和恐懼。此時孩子如果眼睛睜大，肌肉緊張，這就是恐懼的表現。

十二個月以後，孩子的快樂分化成高興和喜愛的情緒。十八個月以後，孩子的情緒又分化出喜悅和妒忌：二十四個月以後，孩子就已經具備了懼怕、厭惡、憤怒、妒忌、痛苦、激動、快樂、歡樂、興高采烈等各種情緒了。

斯皮茲的理論

與布里奇斯的理論相一致，兒童心理學家斯皮茲提出了情緒分化的兩個最明顯的表現：二到三個月，嬰兒開始發生社會性微笑；二到六個月，嬰兒對人的表情，比如：微笑，做鬼臉或是人戴上假面具，都會產生微笑反應。孩子對動物，如：小狗、小貓等都會用微笑來反應。對非動物，如：光、鈴、積木、球等，就不會有反應；七到八個月，孩子開始認生。在這個階段，當陌生人接近時，或是媽媽離開的時候，孩子就會產生焦慮的情緒。

林傳鼎的理論

心理學家林傳鼎在觀察了五百多位出生後一到十天的嬰兒，並將這些資料歸納為五十四種動作。

根據林傳鼎的觀察，剛出生的新生嬰兒就有兩種完全可以分辨清楚的情緒反應，即愉快和不愉快。兩者都是與生理需要是否得到滿足的反應。

不愉快反應是自然動作的簡單增加，為所有不利於身體安全的刺激所引起。飽滿的反應和不愉快的表現顯然不同，它是一種積極生動的反應，增加了某些自然動作，特別是四肢末端的自由動作，這種動作也能在嬰兒洗澡後觀察到，這就說明了一種一般愉快反應的存在，它是一些有利於身體安全的刺激所引起的。

林傳鼎提出，從出生後第一個月的後半個月到第三個月末，嬰兒會相繼出現六種情緒，用情緒辭彙來說，可稱作：欲求、喜悅、厭惡、憤怒、煩悶、驚駭。這些情緒不是高度分化的，只是在愉快和不愉快的輪廓上附加了一些東西：最主要的是臉部表情。而驚駭則是強烈的特殊身體反應。

四到六個月已出現由社會性需要引起的喜悅、憤怒，逐漸擺脫同生理需要的聯繫，如：對於友伴、玩具的情感。

從八個月到入學前，陸續產生了親愛、同情、尊敬、羡慕等二十多種情感。

我們知道了情緒發展的一些情況，那麼父母該如何走進孩子的情緒世界呢？

簡單地說，父母對孩子的教育必須從出生時開始。孩子在一歲之內情緒的發展對孩子的一生具有重要的意義，也可以說是孩子一生幸福的基礎。嬰兒在剛生下來的幾天，親友們大都會去探望小嬰兒，媽媽可能會說：「你們看小寶寶笑了，他多開心！」

孩子這時有情緒嗎？他會開心嗎？孩子此時的情緒還沒有媽媽所認為的那樣明顯，而僅僅有一種原始的激動狀態。父母的責任就是依據孩子的情緒發展，順應孩子的情緒去訓練孩子的健康情緒，克服孩子不良情緒的發生。從以上的分析，我們瞭解到人類的情緒與人出生後的心理健康關係十分密切。

其要點如下：

情緒是人格形成的基礎和重要構成的部分

人格的健康，首先就是一個人的情緒狀態。人格是由人的行為和內心感受所構成的。《紅樓夢》中的林黛玉和賈寶玉是截然不同的兩個人，林黛玉心中所感受到的性格是豐富、細膩而多彩的。而賈寶玉則無法感受到林黛玉的情感，賈寶玉的情感就是簡單、粗獷。為什麼會有這麼大的差別？

這就是孩子出生後到二歲左右這個關鍵的年齡階段，兒童情緒的分化和發展所奠定的基礎。

一個在幼年時期經常感受到焦慮的孩子，長大之後他的心理就不可能健康，他的情感就不可能好。這樣的孩子即使不是一個精神病症的患者，也會是一個一生中永遠伴隨心理陰影的孩子。因此，父母千萬不要讓孩子在焦慮中過日子。即使家庭裡面有什麼難處，也不要讓孩子感染上焦慮的情緒。

積極的情緒對兒童心理活動，具有良好的動機作用

精神分析學派是最重視情緒研究的。精神分析學上認為：情緒是人類本能內驅力的滿足。研究證明，情緒在兒童心理活動中具有很強的動機作用。情緒是心理活動的伴隨現象，在人類心理活動中的作用是其他心理過程所不能代替的。簡單地說，情緒是人類認知和行為的喚起者和組織者。

這些理論可能比較艱深，但是很有學習的價值，簡單一點來說，心情不好的時候，人是不會主動地去做很多事情的。孩子也是一樣，甚至比大人更敏感。大人可能會用他的認知能力和意志力去克服不良的情緒，而孩子卻只能受情緒的擺佈。因此父母要設法去調適孩子的健康情緒，讓孩子快快樂樂去看書、畫畫、唱歌，主動向幼稚園的老師說「老師好」等。

良好的情緒發展，是孩子一生社會能力的基礎

一個人的社會能力是非常重要的。社會能力，首先是人與人之間互動的能力。人與人之間的互動和溝通主要依靠情感。人們見面的問候語就是這種互動中最明顯的證據。這些話語中雖然沒有什麼具體內容，但這是情感交流和溝通

的重要方式。心理學家研究證明，成人與成人之間的交流和溝通百分之七十靠情感、百分之三十是靠語言。

孩子的情況又是怎樣呢？一歲以前的孩子一般不會說話，但是，不能說他們不會與人進行互動和溝通。一歲以內的孩子學會用情緒與他人進行互動和溝通是非常重要的。

孩子必須會笑，孩子必須經常笑，孩子必須笑得比較甜。孩子要對父母笑，對他認為高興的事物笑。一歲左右的孩子，周圍的其他人（包括陌生人）抱他，他都會高興地讓別人抱。只需一會兒，孩子就跟抱他的人「混」熟了，又笑又跳，十分高興。這個孩子就具備良好的與人交流和溝通的社會能力。這樣的孩子誰都喜歡，如此一來就形成一種良性循環，孩子得到訓練的機會越多，社會能力就會越強。

如果一個孩子，別人抱著他，他的表情淡漠，一會兒就哭起來了。這樣的孩子社會性情感發展就不會好，他不會用情感去和他人進行互動和溝通。這樣的孩子誰也不願意抱，就會形成一種慣性循環，到了三四歲時，出去經常躲到爸爸媽媽屁股後面，這種後果的主要責任應由父母負責。

# 多給予孩子關懷

父母必須在開發孩子智力的同時，注重孩子的心理健康。

兒童時期的心理健康對長大後成為一個心理正常、品行良好的成年人是十分重要的。現在很多父母在開發孩子的智力方面不遺餘力，而不注意孩子心理的健康，這是很危險的。專家指出：心理問題已經成為很嚴重的社會問題。因此，父母必須在開發孩子智力的同時，更要注重孩子心理層面的健康。

在討論青少年兒童的心理疾病之前，讓我們簡單的介紹一些兒童心理發展的知識。一般來說，孩子在出生後第六個月就會有選擇性地微笑，八個月時開始「認人」，與母親的短暫分離會引起焦慮不安，這些就是孩子早期心理活動的表現。孩子對父母的感情依賴貫穿於他的全部生活，父母的一言一行，對孩子都有潛在的影響。

一周歲的孩子已經與母親建立了緊密而牢固的關係，與父親及其他關係親近的人也有了很好的感情交流。

滿周歲時，幼兒已開始希望討父母的高興。這一時期是幼兒學走路、學說話的階段。幼兒已能控制自己的行動，記憶力、想像力、思考能力。對事物的好奇心增強，模仿能力迅速增長，已經具有初步喜、怒、哀、樂的情感活動。但是這個階段，孩子常常是情緒的「俘虜」，孩子的喜、怒、哀、樂，通常是很真實的，也很強烈，往往直接地支配著他的行為。因此在這個階段的孩子容易形成一種最常見的心理疾病：焦慮。

心理焦慮可以分為以下幾種症狀：

**器質性焦慮**

這種孩子的神經系統往往發育不健全或受到了損傷，因此對外界的環境變化反應比較敏感。研究顯示，有的孩子因為父母本身有焦慮的表現，給孩子樹立「模仿性」的對象，孩子模仿父母而形成器質性焦慮。

孩子模仿父母的焦慮，父母又對孩子的焦慮表現出焦慮的反應，這樣就造成了周期性的惡性循環。由於父母與子女之間的焦慮相互推動，焦慮常常會越演越烈。父母必須明白這一點，用理性來克制自己的焦慮，否則後果會相當嚴重。

**境遇性焦慮**

由於孩子的生存環境中發生突發性事件，如：意外事故、災害等，孩子的心理難以承受，長期擔心這種災難會再次突然的降臨到自己的身上，所以整天惶惶不可終日，對他們的身心造成嚴重的影響。但這類孩子的症狀，一般會隨著時間的推移自然消失。面對這種情況，大人要對孩子細心照料，讓孩子從「危難」中安全地走過來。

**分離性焦慮**

孩子當與親人特別是與母親分離的時候，常常會出現明顯的焦慮情緒。父母出門，孩子既擔心父母，也害怕獨自一個人留在家裡，一個人睡覺，所以常常會產生心煩意亂、無心學習等焦慮現象。這種孩子甚至會出現睡眠障礙，如：做噩夢、講夢話、食慾不振、腹痛以及多汗、頭昏、乏力等症狀。

**期待性焦慮**

孩子看到新聞中災難的報導而害怕是情理之中的事，同樣，學生害怕考試將至也是正常的。然而如果是因為以下的原因，那就不是正常的現象了：

例如，父母對孩子期望過高，孩子怕達不到預期的目標和要求，怕受到責怪而感到焦慮不安。或者因為有些學校管得很嚴，如：課程的設計、作業的分發等超過了孩子所能承受的限度，孩子擔心完成不了老師安排的功課而受懲罰，因而出現緊張、焦慮、不安等情緒。除此以外，有些家庭的父母常常吵架，父母及長輩們把孩子當成傾訴自己心中不滿的對象，經常向孩子訴苦等等。這些都容易使孩子產生焦慮的情緒。

有心理焦慮的孩子常常對學習缺乏信心，嚴重的還可能影響智力的正常發展。在人際交往過程當中，常常表現出退縮的行為。這種孩子的依賴心很強，辦事一般優柔寡斷，如果長期這樣，孩子就可能形成抑鬱陰沈、自卑感強等方面的人格特徵。

這是一個人各種心理特徵形成雛形的階段。關於幼兒這一時期心理活動的發展，意義十分重要。因此，面對容易焦慮的孩子應該進行矯正。

矯正的主要方法有：

1. 創造和睦的家庭氣氛

父母應該為孩子創造一個，良好的生活環境與和睦的家庭氣氛，讓孩子在輕鬆愉快的家庭環境中生活。在這樣的環境中，焦慮的孩子可以減少焦慮症狀的出現，情緒也會得到比較好的發展。

2. 教育方法採循序漸進

父母應該特別注意修正，教育的態度和教育的方法。父母端正教育態度和教育方法，是預防和矯正孩子焦慮的關鍵。作為一個教育者，培養全面發展的人才是教育的出發點。父母要根據孩子的身心發展階段，透過孩子自己的努力達到目標，千萬不要揠苗助長。如果這樣，孩子就可以從中體驗到成功的喜悅，增強自信心和自尊心，避免因為父母的期望過高而讓孩子產生焦慮的情緒。

3. 透過身體語言鼓勵孩子

對於小孩子來說，身體和身體的接觸會使他們產生一種心靈相通的感覺，而讓他們有一種安全感。所以，在言語獎勵的同時，若能再以身體的接觸做輔助，更容易使孩子感動，使他們的行動更加積極。

「握握手」就是一種輔以身體接觸的獎勵方式。從形態上加以分類，它是屬於態度親切的獎勵方式。另外，一邊摸孩子的頭、一邊鼓勵他，往往會為他們帶來一種受到依賴者關愛的喜悅。「拍肩膀」會使孩子產生一種和父母相依的真實感。

可是如果有目的、有計劃地給予獎勵，最好先讓孩子明白「好孩子，爸爸媽媽才這樣鼓勵他哦」，才更容易使孩子接受。

研究發現：爸爸媽媽的手彷彿是一道電流，愛和關懷藉此流到孩子身上。同時，由於孩子肩上承受的重量，也使他們內心深處留下印象，彷彿爸爸或媽媽的手一直停在他們的肩膀上。不過，這種方式最好在私下獎勵的場合使用，尤其是對於過分敏感的孩子。

可見，在孩子的成長期，最令父母擔心的就是與社會隔絕。不只是社交能力，連認知能力、判斷能力、做事魄力等等都和社會的互動有關。

總之，特別是對於那些患有焦慮症的孩子來說，多給予關懷與鼓勵就像陽光對於小草那樣重要。

# 感情是行動的源泉

情商是人的一種生存能力，做人的本領。

情商的英文簡稱是「EQ」，指的是一個人良好的道德情操、樂觀的品行、面對並克服困難的勇氣，是自我激勵、持之以恒的韌性，是同情心和關心他人的善良，是善於與人相處、掌控自己和他人感情的能力。一個情商高的人，必需同時具備認識自己、控制自己、理解別人、自我激勵、處理人際關係等幾方面的能力。

簡而言之，它是人的情感和社會的適應能力，是智力因素以外的一切內容；通俗地說，情商是人的一種生存能力，做人的本領。

我們為什麼說，情商比智商更重要呢？

心理學家發現，當智力與情感、意志力及自我意識結合在一起時才能使人產生思維。

兒童思維的發展有六個關鍵階段：

1. 保持平衡，集中注意力。
2. 與他人建立親密的信任關係。
3. 言語表達，如：對父母笑、皺眉頭（半歲到一歲）。
4. 簡單的表達，如：向父母指著冰箱中他們想吃的食物。
5. 創造性觀念，如：父母和孩子一塊遊戲。
6. 抽象邏輯思維。

由此可見，影響兒童思維發展的因素有很多，而現在許多的教育方法，往往忽視非智力因素，而僅是強調智力因素的開發。甚至可以不無鼓勵地說，現在許多孩子在被教育的時候，是處於感情的荒漠之中。

美國，二分之一以上兒童是在家庭以外生長，而全美百分之八十的托兒所沒有在兒童智力發展的關鍵階段，與他們進行感情的互動關係，由此可見現代教育雖然進步，但人的參與越來越少，這是一種不好的現象，其後果也是很令人擔憂的。

在台灣，很多學校都是以填鴨式的教學模式為主導，很明顯，這樣的教學方式是很難進行雙向溝通的。而在許多的托兒所、幼稚園，父母和保育員都不重視與孩子進行感情上的互動關係。

其主要原因是什麼呢？

我們認為除了學校的責任以外，父母對於教育認識的局限也不能忽視！有些父母從來不關心孩子的學習情況，既不監督也不檢查。然而當孩子交上了極差的學習成績單時，父母就大發雷霆，不是打就是罵，結果孩子產生了叛逆心理。有些父母雖然很關心孩子的學習，但是對孩子在學習中遇到的困難卻無能為力，只是要求孩子如「填鴨」般的學習再學習，結果就是使得孩子產生厭學情緒。

教育專家指出，這些孩子大多數是由於父母過分溺愛所致，很多本來應該是孩子自己該做的事都被父母「代勞」了。或者父母將孩子限制在高樓大廈內，不讓他們與其他孩子玩；或者成天逼著孩子「死記硬背」，這些都對孩子的社會化發展和社會適應能力的提升極為不利，嚴重地影響了孩子學習能力的發展和學習成績的提升。

現在許多孩子出現了學習上不能舉一反三的表現，其原因就在這裡。在課堂學習時，少數學習困難的孩子，協調能力和反應能力都很差，無法做到舉一反三，只好死記硬背。這些孩子沒有其他孩子學習的效果，遇到不懂的問題很少向老師和學習成績較好的同學請教，到最後常因為學習成績差而產生自卑感。

上面的討論說明了，對於學習困難的孩子要具體分析，絕不能將孩子的學習成績差全部歸究為孩子的智力低下。父母的重點應該放在開發孩子的非智力因素方面。

這是為什麼呢？

性格內向、易分心、固執、學習興趣低下、好動、笨拙、衝動和孤僻的孩子在學習上的困難比較大。其中尤其是好動、易分心的孩子，在學習時注意力很難集中，容易受外界的干擾。這樣，他們既妨礙了學習，對學習內容的理解和掌握也就比較困難，從而滋長了厭學情緒，並與學習困難形成惡性循環。

父母應該積極鼓勵孩子，重視與孩子之間的感情交流，並且為孩子選擇那些擁有善於與孩子做感情雙向互動的學校，因為孩子們都渴望著和父母有更多的溝通，他們的這種需要是我們不能不重視的！

# 不要用「以聰明論成功」的心態對待孩子

聰明與否真的是決定人生成敗的唯一因素嗎？答案是否定的。

一九八七年，七十五位諾貝爾得獎者在巴黎集會。一位記者採訪了一位老學者：「請您談談您是在哪所大學、哪個實驗室裡，學到了您認為最重要的東西？」

白髮蒼蒼的學者回答：「是在幼稚園。」

記者不解地追問：「在幼稚園裡學到些什麼？」

老學者的回答大出記者的意外：「把自己的東西分一半給小朋友；不是自己的東西不要拿；東西要放整齊；做事要堅持到底；做錯了事要表示歉意；要仔細觀察四周的大自然現象。我學到的全部就是這些。」就是從小學到這些做人的本領，使老學者走上了諾貝爾的領獎臺。

令人擔憂的是，現在很多父母過度重視孩子的生活是否舒適、頭腦聰明與否。父母緊盯著孩子的各科成績，而對於決定他們將來的事業、人生、命運的部分能力都忽略掉了。

智商以外的因素在某種意識上更具有決定性，古人所說的「勤能補拙」、「志不強者智不達」就說明了同樣的道理。

許多事實證明，班上最聰明的學生不一定畢業後發展得最好，而學習不怎麼樣的孩子，可能在社會上遊刃有餘。所以，在注意孩子智力投資的同時，更應用心開發孩子的情商，因為良好的情商不僅是打開學習成功大門的金鑰匙，更影響著孩子一生的發展。

相形之下，那些認為孩子還小、進行情商教育為時尚早，或主張「船到橋頭自然直」的父母，他們不瞭解人類的遺傳因素只能提供兒童發展的物質前提和可能，並不能預定和決定兒童心理的發展方向。如果一味地滿足孩子的物質要求，而不施以認真的誘導，必定很容易養成孩子小時候飯來張口、衣來伸手，長大之後將會變得性格怯懦、膽小而難以成才。

著名教育學家克魯普斯卡亞也指出：「童年時期的一些最初印象會在人的一生中留下痕跡，要在幼童生活的最初幾年裡，非常細心地和深思熟慮地來對待他們的教育。」

心理學家也認為，一個人的智慧和品格，基本上從五歲左右開始定型。換言之，兒童得到的是什麼樣的教育和啟發，與成年後的智慧和行為有很大的關係。

# 孩子的笑是一種潛力

研究發現，愛笑的孩子長大後一般都比較聰明。

孩子的成長包括：生理和心理兩方面的因素。這一過程起自於母體子宮內，同時也受到周圍環境的影響。在孩子成長過程中，父母作為引導者，對孩子的影響力是十分深遠的。從停留在母體子宮內到出生後，孩子就像海綿在吸水一樣，不斷的吸收周圍的資訊，而這些資訊大多源自於父母及家庭環境。父母對孩子的生長發育過程看得清楚，對孩子的生長發育就發揮著莫大的影響。

在養育孩子的過程中，父母與孩子朝夕相處，對孩子的性情十分瞭解。知道怎樣引起孩子的興趣，怎樣鼓勵他，也知道孩子何時需要鼓勵或挑戰，並能理解他的感受和行為。而幫助孩子在智力、社交和性情方面健康成長的最有效方法就是讚揚、鼓勵和愛護。

那麼怎樣才能成功的做到這一點呢？心理學專家告訴我們一個輕鬆而可行的祕訣：讓孩子笑起來！

研究發現，愛笑的孩子長大後一般都比較聰明，這是美國科學家有系統的研究了年齡與智能之間的關係後得出的結論。他們發現，聰明的孩子對外界事物做出微笑的年齡比一般兒童要早，笑的次數也更多。

從孩子的發育程度上來看，一般長到三個月左右就會出現笑的反應，只要他們醒著，一看到熟悉的面孔或新奇的畫面與玩具時，他們就會高興地笑起來，又晃胳膊又蹬腿，簡直是手舞足蹈。另外，當他們吃飽睡足、精神狀態良好時，儘管沒有外界的刺激，也會自動發出微笑。

心理學家把這種「無人自笑」稱為「天真快樂效應」。這種自發的笑是孩子健康最明顯的標誌。笑是一種「器官體操」。生命離不開運動，小孩子的發育亦是如此。法國巴黎的醫生亨利．呂斑斯說：「笑是一種類似於原地踏步的良好鍛鍊方法。」

小孩子不同於成人，甚至也不同於年齡大一些的孩子，他們的活動能力有限，有什麼辦法呢——逗他們笑。研究發現：笑的時候臉部表情肌肉就會運動，胸部與腹部肌肉群參與共振，既活動肌肉、骨骼與關節、又對多種內臟器官起到「按摩」和「鍛鍊」的作用，因此笑被運動醫學專家譽為「器官體操」。

笑使動脈血管平滑肌放鬆、血流量增多，全身器官能享受到充分的血液供給後加速發育；胸肌運動帶動胸廓擴張，肺活量因而增加，換氣效率得以提升，笑的時候換氣值可達到靜止狀態的二到三倍，可促進肺臟發育；同時，笑的時候，胃腸的蠕動也會增強、消化液的分泌就會增多，而有利於消化功能。排出腸道內的氣體，對消化功能弱所引起的腹脹有一定的治療效果。

除此以外，作為「天真快樂效應」的這一活動是孩子與他人交往的第一步，是精神發育的第一次進步，是對大腦發育的一種良性刺激，是智慧的曙光。至於「無人自笑」，乃是嬰兒在生理需要方面獲得滿足後的一種心理反應，對大腦發育非常有益。

為了讓孩子更開心地笑，父母應該與孩子多接觸，在接觸的過程中，要用愉悅的表情、語言以及玩具等激發孩子天真快樂的反應，促使他們發出笑聲。這是智力開發的妙招，值得年輕的父母們重視。

鼓勵孩子笑不僅對促進全身各個系統、各器官均衡發展有裨益，更是開啟兒童智力之門的一把「金鑰匙」。

# 抱緊那個愛你的孩子

父母必須在開發孩子智力的同時，
也注重孩子的心理健康。
請記住，要抱著厚望去教育孩子，
而不是抱著慾望或野心，這樣才能把孩子教好。

# Part 2

# 善待孩子的不足

Give That Kid A Hug

# 五分鐘熱度

要儘量讓孩子專心致志的做一件事，不要輕易打斷，讓孩子保持注意力的持續性。

有的孩子無論做什麼事情都只有五分鐘熱度，剛才還在玩積木，房子還沒有搭起來，又去開小汽車，汽車剛開不久，又去打開電視看兒童節目。無論做什麼事情，總是不斷的變換，很難把注意力集中在同一件事情上。

這是因為孩子的注意力不集中。注意力是心理活動對外界事物的集中和指向的能力。看見一種東西、聽到一種聲音、理解一個問題，都必須有注意力這種心理成分的參與，否則就必然一事無成。

注意力可以分為無意識的注意力和有意識的注意力。無意識注意不需要花費精力去維持，往往是興之所至。而有意識的注意力則需要靠意志力的努力才能完成。凡是要做成一件事情，沒有意識的注意力是不行的。

孩子的注意力不能集中，與孩子的年齡是有關係的。注意力持續時間的長短，與年齡的大小成正比。兩歲的孩子一般可以持續三到五分鐘，五到六歲的孩子則可以毫不費力地持續十五到二十五分鐘。如果孩子到了五六歲還不能集中注意力做一件事情，還不能持續十五分鐘以上，父母就應該要注意了，認真地找一找原因。

研究發現，主要有以下兩種原因：

一、孩子受到的刺激太多

外界的新奇事物總是可以引起孩子的反應。剛剛生下來的新生兒就已經具備了這種能力。孩子發現一件新奇的事物時，常常都會引起他對這項事物的注意力，有時還會手舞足蹈。可是這樣的刺激如果太多了，就會造成孩子焦躁不安。例如：如果孩子對什麼玩具都很感興趣，一件玩具剛剛玩了幾分鐘，就把這件玩具扔開，又去玩別的玩具。這是因為玩具太多了，父母不能同時給孩子買很多的玩具。

玩具雖然對孩子的發展是很重要的，但是，玩具多了，反而會嚴重影響孩子智力甚至心理的正常發展，實在是得不償失。

二、家庭環境吵雜不安寧

有些孩子的家裡很吵雜，無論做什麼事情都會被人打斷。爺爺、奶奶、姑姑、阿姨、舅舅、叔叔，這個抱過去、那個抱過來，根本不給孩子留下一點兒屬於自己的時間。

殊不知，孩子的注意力不能集中，原因可能出在這些人的身上。孩子本來就不容易集中精神去做一件事情，而現在卻又有這麼多的人來進行干擾，這怎麼了得呢？因此，要儘量讓孩子專心致志的做一件事，不要輕易打斷，讓孩子保持注意力的持續性。

如果小孩子的注意力不太集中，你不必為此擔心，只要按照科學的方法加以矯正，隨著年齡的增加，孩子就會走向正軌。但是如果孩子年齡已經不小了，還是不能集中注意力，那就值得注意了。

另一方面，孩子粗心，父母頭疼，老師頭疼，連心理學家也頭疼。那麼心理學上怎麼解釋孩子粗心的這種現象呢？形成孩子粗心的因素是多方面的。比如：

1. 感覺因素：這種孩子對感覺刺激的敏感性較差，注意力又比較容易受到外界的干擾。
2. 知覺習慣的因素：這種孩子對知覺感受的反應不完整、分辨不精細。
3. 興趣的因素：這種孩子對感興趣的事情卻也是馬馬虎虎的。

最讓父母傷腦筋的是粗心會逐漸變成一種行為模式，最後演變成無論做什麼事情都冒冒失失、粗枝大葉的。粗心的孩子其特點是動作快、腦子慢。這種孩子做事之前，一般不會很有耐心的細心觀察和思考問題，因而事情做完之後常常會漏洞百出。

這種現象一般會隨著孩子認知能力的提升而有所改善，但是對那些已經形成粗心習慣的孩子，如果不對他們進行耐心及細心地指導，改變他們的不良習慣，幫助他們形成新的知覺、思維和行為的模式，那麼他們就只好當一輩子的「粗線條」了。

為此，心理學家提出以下方法去解決孩子粗心的毛病：

一、培養孩子的知覺能力和辨別能力

孩子之所以粗心，就是因為缺乏良好的知覺能力和辨別能力。父母要提升孩子這方面的能力，就必須採取有效的辦法。比如提供孩子「找相同點」和「找不同點」的圖畫，讓孩子去發現圖畫中各種細節上的變化，培養他們仔細的觀察事務和仔細地比較事物的能力，並且要求他們把比較的結果用語言大聲地講出來，以便發展敏銳的知覺。

這種活動隨時隨地都可以進行，哪怕是看到樹葉上的一隻小蟲，也可以讓孩子去仔細看看，看清楚蟲子身上有幾個斑點、幾條腿等。

無論什麼樣的孩子，總是會對某些事物比較感興趣一些，如對動物感興趣的孩子，父母可以引導孩子對動物進行觀察，充分的瞭解動物的各種習性，培養孩子對動物的更大興趣。經過一定的時間，便能改變孩子的注意力。

二、訓練孩子以多角度的方式思考問題

小孩子的思維缺乏可逆性，很難從不同的角度思考同一個問題，因此需要父母進行很具體的指導。比如將兩根一樣長的棒子前後錯開放在孩子面前，問他哪一根長。試驗證明，有的孩子說上面的長，有的孩子則認為下面的長。這時，父母可以誘導孩子換一個角度再看這兩根棒子。

說上面那根長的孩子是因為他只注意到棒子的左端，當讓他同時再看看木棒的右端，他的說法可能就會改變了；說下面那根木棒長的情況則相反，孩子只注意到木棒的右端長短，而忽視了木棒的左端。透過這個例子，就會讓孩子學會觀察木棒的兩端。

三、要及時糾正孩子的粗心

父母發現孩子因粗心而犯錯誤，應該及時要求他重新更正，去糾正原有的習慣動作，塑造新的動作。這對於克服粗心也是必要的，父母在旁邊給予具體指導，如「扶一把」，就能防止重複出錯。

糾正孩子的粗心，是一件極需耐心而且艱難、經常反覆的工作，它需要父母高度的責任心和耐心，不可急躁，更不可以責罵。因為被罵得情緒緊張、興致全無的孩子只會變得更加粗心。

另外，父母應該注意培養孩子的意志力和毅力，經常鼓勵孩子克服困難去完成一件事情，養成做一件事情就要堅決完成的習慣。要儘量讓孩子明白，無論做什麼事情都要有始有終，不能半途而廢。

而且父母對孩子不要過度關注，每次只給孩子一種刺激或一項任務，不能四面出擊，什麼事情都想做，這樣會讓孩子形成毛躁的個性。在家庭裡，要與家人協調好，共同幫助孩子擁有一個安靜的環境，儘量減少家中的噪音，如不要把電視的聲音開得太大、不要隨便干擾孩子等。

# 發號施令

當父母發現孩子出現了反抗行為，就應該對孩子更加關心和愛護，採取正確而靈活的方式誘導孩子。

一位三十歲左右的媽媽來請教老師。她五官端正，只可惜滿臉憂容，皺紋過早地爬上額頭。很顯然的，其內心正受著某種痛苦的煎熬。

老師給她倒了一杯水，她只出於禮貌接過喝了一口，便說：「我兒子小時候很可愛、很討人喜歡。後來，不知從什麼時候開始，他學會發脾氣，脾氣一來，九頭牛也拉不動。只要他想做什麼或想要什麼，我們就必須立即滿足他。否則，他就哭鬧、打滾、扔東西等，甚至自己用頭撞牆或用手拍打自己的腦袋。

「他爸性格火暴，他一鬧起來就挨他爸爸打。你越打，他越強，一點也不示弱。眼看就要出人命，我只好央求他爸息怒，把他爸拉開。然後，又千方百計去滿足孩子的要求。我成了夾心餅乾，兩面不是人。他爸爸抱怨我太溺愛孩子，而兒子也不領我的情。」

「你兒子多大了？」老師問。

「才四歲多，還不到五歲。」

老師心裡有底了，他開始耐心的給這位媽媽做解釋：「一般三歲左右的孩子開始有獨立的想法，並萌生自我意識。他們不願意事事受父母的管束，因此對父母包辦或擺佈產生反感。當父母不滿足他們要求時，他們就會把內心的不滿毫無保留地發洩出來。另外，孩子只不過剛剛具備了一些初步而簡單的生活知識和經驗，對這個世界所發生的形形色色的事情還不能理解，他們想要獨立，卻又做不好，在這種情況之下，他們會因為無法達到目的而發脾氣。」

俗話說：「冰凍三尺非一日之寒。」孩子身上的不良習慣不是一天兩天形成的，而父母經常恨不得要求孩子在一天之內改變所有缺點。事實證明，這種不切實際的要求是「欲速則不達」。父母除了要學會等待，還必須有一個良好的心態，不是孩子的花不開，而是遲開的花可能更鮮豔，而想具備這種心態是需要修煉的。

怎樣對待暴怒的孩子呢？著名的精神分析學家榮格說：「如果我們希望改變兒童身上的某個特質，我們應先審視一下，看看這是否也是自己身上應該被改變的東西。」

我們常常會看到，有的孩子由於父母沒有滿足他的欲望就大聲哭鬧，比如在地上打滾，撕扯自己的頭髮、衣服，或抱著父母的腿不走。

心理學上把這些行為稱為暴怒發作。處於暴怒發作中的孩子往往不聽勸阻，除非父母滿足他的要求，否則就會僵持下去。有時即使父母滿足了他們的希望，他們也會不依不饒。

孩子的暴怒發作不僅嚴重損傷自己的情緒和生理狀態，也常常使父母狼狽不堪。許多父母對此都感到很棘手。

暴怒發作與孩子的性格有關，但頻頻發作的原因往往是出在父母的身上。如果孩子的欲望要求不合理，父母不予滿足是正當的。如果孩子因此暴怒發作，最簡單的方法是把他單獨放在房間裡，作短暫的隔離，冷落他一些時間。孤獨的隔離對孩子來說，是一種嚴重的懲罰，他將有時間冷靜下來重新考慮下一步怎麼辦。這時，父母絕不能中途讓步，去遷就孩子的暴怒發作。父母更不要形成兩派，一派「堅持懲罰」，一派「主張懷柔」，當著孩子面前爭論起來。

如果父母企圖採用溺愛和遷就的辦法換取孩子中止暴怒發作，那麼其後果是強化暴怒發作，以後孩子必將「屢試不爽」。

對於容易暴怒的孩子，平時要加強對他們的心理輔導，當發生不愉快時，要採用活動轉移法，讓他們在遊戲運動或其他活動中宣洩內心的緊張，並為他們樹立講道理、講禮貌的榜樣供他們學習。

每次「暴怒」平息後，父母要嚴肅的教育他們，使他們瞭解到自己的錯誤。如果發現孩子哪一次能克制自己的情緒沒有發作，應及時予以表揚和獎勵。最後，提及一點，父母自身也不能經常「暴怒」，給孩子「樹立」學習榜樣。

有的孩子有這樣的習慣，經常用命令的口氣和別人說話。比如命令父母說：「把鞋子給我拿來」；命令別的小朋友：「過來幫我！」有時甚至命令客人：「給我倒杯水」等。

孩子怎麼會產生這種不良行為呢?可能有以下的原因：孩子可能受父母的影響，從父母那裡學到了命令別人的「本領」。有些父母認為，在家裡不用客氣，因此在家庭成員之間常常用命令的口氣講話，如有的父母常在孩子面前命令褓姆等。

這些都給孩子造成不良的影響，教孩子學會了命令人。在這種孩子的心目中，自己就是中心，因此從來不會站在別人的角度想問題。

以下幾點值得注意：

一、改正孩子命令別人的不良習慣，父母首先要樹立榜樣，從自己本身做起，在家裡創造出一個民主、禮貌、和諧的氣氛。

二、孩子命令別人的時候，父母可以這樣告訴孩子：「每個人都是平等的，請別人幫忙時應該要有禮貌，別人才願意幫助你。說話像下命令，別人就會討厭你，不願意幫助你。」

三、在日常生活中，父母要學會敏感些，經常注意糾正孩子命令式的講話語氣。如果孩子用命令的口氣說話，父母就要對孩子有所要求，說話不能使用這種口氣，直到孩子改變了語氣為止。

四、如果孩子在情緒不好的時候命令別人，父母可以告訴孩子：「心裡有什麼不高興的事情可以慢慢說出來，用命令的口氣說話是解決不了問題的，還會常常把不好的情緒帶給別人，把本來可以辦好的事情辦壞。」

想要改變孩子的這種不良習慣，父母是要花很大的力氣的。

# 越管越是唱反調

每個人都有得到他人的關心、重視和承認的心理需要，孩子也不例外。

可能你家裡正好有這樣一個孩子：你不要他做什麼事，可是你越說他越是唱反調。例如叫他不要唱歌，可是你越說他，他就越要唱。父母常常為此大為不解，別人卻認為父母教導無方。

孩子的這種行為的確是一種毛病，父母對此應該多加重視。有的父母對此採取很直接的方法，動不動就責備、發脾氣，有時甚至體罰，這是不會有什麼效果的，最重要的是要找出導致孩子這種行為的原因。

一般的觀點是：父母對孩子的關心不夠，常常會導致孩子這種行為。心理學的研究告訴我們，每個人都有得到他人的關心、重視和承認的心理需要，孩子也不例外。在一個正常的家庭中，父母都會對孩子給予足夠的關心和愛護，讓孩子的心理需求得到充分的滿足，這樣孩子就不會透過搗亂來引起父母的重視了。如果這樣，孩子做錯了事情也願意接受父母的批評並願意改正了。

在一個家庭裡面，如果孩子不能得到足夠的關心和愛護，常常就會出現不良行為。孩子老老實實的時候，父母對他漠不關心，好像孩子不存在似的。孩子感到備受冷落，為了引起父母的重視，他們就會以惡作劇來達到這個目的。父母對他們的惡作劇做出了反應，孩子就達到了自己的目的，因此越鬧越起勁。其實，這樣的孩子是比較可憐的，他們並不會因此而獲得更多的快樂。

父母要改變這種情況，最基本的方法是反其道而行之。當孩子安安靜靜的時候，父母要經常和他們在一起，給予他們更多的關心和愛護，讓孩子感覺到父母對他們的尊重和愛護。而孩子故意搗亂而企圖引起父母重視的時候，父母應該冷落他們，讓他們感到沒有意思。

如果孩子得寸進尺，做出具破壞性的行為，父母就必須及時加以制止。如果孩子一意孤行，就必須給予必要性的懲罰，終止孩子的不良行為。當然，這裡有一個前提，就是平時父母必須充分的給予關心和愛護。

這種情況也是常常發生的：父母平時對孩子很關心，但是有時孩子仍然喜歡惡作劇，這也是正常的，因為孩子畢竟是孩子。只要沒有做出破壞性的事情來，父母不要去理睬他，孩子就會覺得「無趣」而「偃旗息鼓」了。

# 不想服從的「反抗期」

父母要教會孩子提出要求的正確方式和規則，讓孩子學會跟別人溝通的有效方法。

很多年輕的父母發現，自己的孩子才三歲左右就常常跟自己「唱反調」，似乎一下子就變得固執起來。根據觀察資料發現，如此小的孩子，動不動就對父母的「命令」加以拒絕，用一個「不」字來回應。從孩子的心理發展來看，三歲的孩子的確有很多令父母感到頭疼的東西：孩子一點耐心也沒有，一旦想到什麼事情就會立即去做，並且常常固執己見，沒有通融的餘地。此時，他們的情緒波動很大，稍不如意就會大哭大鬧，對父母給他們制定的規範，似乎有一種本能的反抗慣性。

對為人父母來說，這的確是叫人頭疼的，但是，對孩子來說，這一切的表現卻是十分正常的。

孩子到了三歲左右，幾乎都有這樣一個「反抗期」，這個時期大概要持續半年到一年，是兒童心理和生理發展的必然階段。

如果孩子到了這個階段不出現這種情況，那才是不正常的了。

換句話說，如果孩子不出現這樣一個「反抗期」，常常就會出現精神不振、意識薄弱等心理疾病，並且對這樣的孩子進行長期的心理輔導也未必能見效。所以，父母不必為此感到頭疼。孩子為什麼會出現這樣一個「反抗期」呢？主要有三個原因：

一、孩子行為能力的發展

三歲的孩子已經有了比較大的活動能力，在日常生活中，很多事情都可以自己做，因此他們很渴望擴大自己的活動範圍，不斷的去開創自己的新天地。但是，父母由於培養孩子所形成的慣性，對孩子這些本來很合理的要求常常進行阻攔和限制，因此引起孩子的反抗。

二、孩子自我意識的發展

在三歲之前，孩子還不能夠很準確地區分自己的願望和別人的願望，所以常常顯得比較聽話。而到了三歲以後，他們逐漸地感覺到自己的存在，慢慢地明白了什麼事情是自己的，什麼事情是「我」要做的，於是一種強烈表現自己的衝動，催促著他們去做一些在父母看來是不能做的事情。孩子的這些行為由於與成人的世界規範相抵觸，所以孩子常常會產生一種挫折感，因而引起孩子的反抗意識。

三歲的孩子在很多方面都還很不成熟，比如意志力比較薄弱、情緒比較衝動、控制能力比較差等，所以，一旦他們不順心的時候，就會毫無掩飾地表現出來，又吵又鬧，搞得父母不得安寧。

正因為如此，父母就會覺得孩子故意與自己作對。其實，孩子無非是為了表達自己的想法，並不是專門針對父母才發脾氣。兩三歲的孩子思考發展還未成熟，不像成人懂得靈活運用，所以常讓父母感到他們死心眼；同時，孩子也沒有比較明確的時間觀念，哪怕是五分鐘他們也不願意忍耐，只要一想到，就恨不得馬上去做。

當父母發現孩子出現了反抗行為，就應該對孩子更加關心，採取正確而靈活的方式誘導孩子，千萬不要因為孩子不聽話而放任或者就隨意指責。只要父母教育得法，孩子就很容易度過這個時期。

要預防和矯正孩子鬧脾氣的問題，父母可以從以下兩方面著手：

一、父母應該盡可能多給孩子一些關注，每天都要抽出固定的時間陪伴孩子。

二、對孩子的言語和提出的問題，父母要及時做出反應和回答。與此同時，父母要教會孩子提出要求的正確方式和規則，讓孩子學會跟別人溝通的有效方法。

# 脾氣大

**對人小脾氣大的孩子，父母教育的態度必須一致，切忌南轅北轍。**

人小脾氣大的孩子，除了脾氣倔之外，還有點「小聰明」。他們能摸透父母的心理，也掌握了一套規律：只要先撒嬌，最後向父母發脾氣，什麼目的都能達到。

孩子發脾氣、耍賴，原是作為要脅父母的方式，並不希望太過火。可是，脾氣一發，便理智喪失，任憑情緒左右，一點餘地不留。過後，雖然願望達到了，但對自己發脾氣時的那種諸如以頭撞牆、摔壞心愛的玩具等行為卻也感到後悔，甚至內疚。同時，嘗到了對自己行為無可奈何的滋味，也體驗到自己的無能為力，於是，他們會感到自卑和痛苦。

因此，對大發脾氣的孩子，父母應該堅持兩個原則：一是絕對不要斥責或體罰孩子；二是不要讓孩子毀物和自殘。

第一個原則之所以重要，是因為斥責等於火上加油，適得其反。特別是父母火冒三丈、怒不可遏的樣子，等於是孩子發脾氣的「榜樣」。父母須知，柔能克剛。

第二個原則的著眼點，在於用骨肉之情，幫助孩子控制難以自制的情緒，讓他一動也不動地待上五分鐘，爆發的情緒就會平息下來。

待孩子發脾氣之後，應和孩子談心，教育孩子認識發脾氣的後果及缺點，學會以理智駕馭感情。平時，對孩子提出的合理要求應主動地給予滿足，不合理的要求堅決不能妥協，讓孩子明白：凡事必須講道理，無理寸步難行。

對人小脾氣大的孩子，父母教育的態度必須一致，切忌南轅北轍。教育務必堅持，只要經過一段時間，情況就會好轉。但這其中有幾個問題要注意：

一、不要怕孩子哭

當孩子提出不合理的要求以至於哭鬧時，父母不要急著去理睬他們，讓他把所有的「本事」都使出來，當他明白「耍脾氣」不管用時，自然就會放棄，這時再做說理教育也不遲。

二、不要太過關心孩子

父母應該儘量減少對孩子的呵護，為孩子提供磨練的機會，讓孩子克服困難、鍛鍊意志力、增強獨立意識，從而懂得關心、愛護、幫助別人，養成良好的習慣。

三、耐心誘導

研究發現，任性的孩子其實蘊藏著積極的因素，如三歲的孩子非要親手為你打傘遮雨，父母應對此「優點」加以誘導，既講清後果，又表示感謝，這樣既不傷害孩子的自尊心，又避免了孩子任性的行為。

四、轉移孩子興趣

當孩子任性起來，非要這樣那樣的時候，利用當時的情境，設法把他的注意力轉移到別的事物上去，使他忘卻那不合理的要求。當然，這是要有一點耐心的。

五、激將法

任性的孩子往往都有很強的自尊心和好勝心，父母要充分利用這一點。遇到孩子任性的時候，父母可以利用孩子的自尊心和好勝心，機智的「將」他一軍。比如：當孩子有無理要求時，父親可以對孩子說，「你掃地不如媽媽掃得乾淨，不信我們來比一比。」

一般來說，很多孩子都會躍躍欲試。事情做好了，再鼓勵一番。這樣既可以讓孩子不再任性，又能讓他產生一種成就感，以此來激發他的上進心。

# 攻擊性行為

培養藝術與趣，如繪畫、音樂是陶冶性情的最佳途徑。

攻擊性行為是一種目的在於使他人受到傷害，或引起痛楚的行為，它在不同的年齡階段有不同的表現形式。

幼稚園階段主要表現為吵架、打架，是一種身體上的攻擊；稍大一些的孩子大部分是採用語言攻擊，謾罵、詆毀，故意給對方造成心理傷害。

攻擊性行為形成的關鍵期是嬰幼兒階段。這個階段年輕的父母不僅千方百計的滿足孩子的各種需要，而且食物也優先供給孩子，甚至不讓孩子與他人分享，這樣容易養成孩子佔有欲旺盛的習慣。

父母嬌寵放縱的態度，極易導致孩子為所欲為，稍不如意就以「攻擊」的方式來發洩不滿的情緒，甚至發展到以攻擊他人為樂趣的地步。

攻擊性行為有著明顯的性別差異，一般男孩的攻擊性比女孩更為明顯，男孩子受到攻擊後，會急切地去報復對方，如果任其發展到成年，這種攻擊性行為就可能轉化為犯罪行為。

攻擊是孩子宣洩緊張、不滿情緒的消極方式，對他們的發展極為有害，必須進行糾正。父母可以採用「轉移注意」法，對有攻擊性行為的子女給予較多的關注，在日常生活中多用一些有趣的事情來轉移其注意力，這樣可以培養孩子的興趣和陶冶性情以達到「根治」的目的。

例如：消耗能量，在孩子情緒緊張或怒氣沖沖時，可以帶他去跑步、打球或進行棋類活動，也可以培養藝術興趣，如繪畫、音樂是陶冶性情的最佳途徑。引導孩子經常從事這類活動有助於恢復他們的心理平衡，乃至逐漸轉移攻擊性行為。

孩子為什麼會有很強的攻擊性，很多人認為，這就是父母的責任——所謂「龍生龍，鳳生鳳」。甚至有些心理學家也認為父母必須對此負重要的責任。然而，研究證明：孩子之所以產生攻擊性行為，其遺傳因素大約占百分之五十，其他因素占百分之五十。有的是父母的責任，有的是孩子的責任，還有一部分是父母和孩子互動的結果。

這裡所說的遺傳，不是說父母把打人、罵人這些具體行為遺傳給了孩子，而是父母，甚至是父母的父母，遺傳給了孩子情緒容易激動，神經反應比較迅速等自然特徵。這些自然特徵遇到了合適的環境，孩子就會出現攻擊性行為。

如果孩子剛剛出生就比別的孩子愛哭、脾氣大，父母就應該警惕，是不是自己的不良習慣遺傳給了孩子。要知道，孩子的這種行為可能就是父母所造成的。

有些做母親的可能抱怨：「我的脾氣並不壞，怎麼能說是我遺傳給孩子的壞脾氣呢？」

我們應該有這樣的觀點，母親的脾氣好，父親的脾氣可能很壞，父母的脾氣都好，爺爺奶奶可能脾氣壞。研究證明，隔代是可以遺傳的，有時甚至可以隔好幾代遺傳。

遺傳是一種重要的因素，但是父母如果懂得一些這方面的知識，防患於未然，孩子的攻擊性就會大大地降低。因此可以這樣說，教育孩子的第一步，主動權就掌握在父母自己手裡。

從開始教育孩子時，父母就該注意到自我克制並用極大耐心堅持下去，孩子就不會進一步發展攻擊性行為了。

心理、教育專家對這種攻擊性行為問題進行了長時間的觀察研究，有系統地提出下面幾種方法：

一、消除攻擊性的強化物

孩子之所以產生攻擊性行為，常常是為了爭奪某一物品。父母應該適時剝奪這一物品，經驗證明，這種方法常常可以得到很好的效果。

例如：當孩子搶了另一個孩子的玩具，另一個孩子因此大哭起來。對於搶別人玩具的孩子來說，他的攻擊性行為的強化物就是佔有另一個孩子的玩具。這時，父母要想辦法讓孩子把玩具還給別人，這就等於剝奪了孩子攻擊性行為的強化物。如果不把玩具從孩子的手裡拿去給別人，這就等於是鼓勵，以後孩子就還會搶別的孩子的玩具。

同樣，如果孩子打了人，父母不加以制止，不給予指正，那麼，父母這種行為就成了孩子打人行為的強化物，讓孩子感覺到，打人並沒有什麼不對，以後他就還會去打人。

所以，當孩子表現出攻擊性行為時，父母應該弄清楚事情的前因後果，及時進行處理，態度要堅決，讓孩子明白，什麼行為是錯的，要怎樣做才對。

二、鼓勵孩子的友好行為

鼓勵孩子，最重要的就是對孩子友好行為進行鼓勵，因此，對於攻擊性強的孩子，他們如果出現友好行為，父母要及時加以鼓勵。比如孩子與人分享勝利的果實，與小朋友合作辦事，幫助別人等，父母就應該要及時加以鼓勵，這是醫治孩子攻擊性行為的一種好辦法。

在一項研究中，心理學家讓托兒所老師特別獎勵那些有親善行為的兒童，如分享玩具、合作等。二周之內，這種方法有效地減少了兒童之間的身體攻擊和語言攻擊行為。幾周後繼續實施又進一步減少了攻擊行為。

這就是說，對孩子的攻擊性行為，並不一定非懲罰不可，成人可以對這種行為「視而不見」，而對他們好的行為大加讚賞，這種辦法同樣也可以降低孩子的攻擊性。這種無懲罰方法的最大好處是：不讓孩子有「反攻擊」或「報復」的感受。

要知道，對孩子攻擊行為的懲罰，實際上也是一種攻擊行為，是一種「以牙還牙」，它可能使孩子在受到別人攻擊時採取報復方式，因此，只獎勵、不懲罰的教育方式可以避免懲罰的消極影響。

三、耐心等待

如果發現孩子有非常嚴重的攻擊性行為，父母或老師不能單單採用鼓勵而不懲罰的方法去處理。遇到這種情況，最好的方法就是耐心等待，也就是「冷處理」。

這種方法就是對孩子攻擊性行為暫時不予理睬，對孩子的行為表示冷漠，在一段時間裡不去理睬他。用這種方法來「懲罰」孩子的攻擊性行為，一般來說，效果還是比較好的。

比如把孩子一個人關在房間裡，直到他自己平靜下來才放他出去。當然，這種方法也有一些不足之處，因為有的孩子是頑固不化的。因此，如果將這種方法與前兩種方法配合使用，一般都能得到很好的效果。

四、給孩子樹立「榜樣」

攻擊性強的孩子經常會與別的孩子發生衝突。孩子與孩子間發生衝突，其解決方法通常無非是繼續攻擊、自己緩解、別人勸解三種方式。後面兩種方式是成人認為的好方法，但是孩子一般都不會自覺地採取這樣的方法去處理衝突，而必須經過父母的訓練才會學到。

因此，如果孩子經常看到父母或其他的孩子採取這兩種方式來解決衝突，或者父母、老師經常訓練孩子們採取這兩種方式來解決衝突和矛盾，孩子就會慢慢地學會採用這些方法來解決問題。

兒童心理學家研究顯示，這樣的訓練對那些已養成攻擊性習慣的孩子很有效果，因為這些孩子之所以長期以來野蠻、粗暴，往往是因為他缺乏解決衝突的有效技能和方法。

五、營造和平環境

矯正具有攻擊性行為孩子的另一種方法，就是為孩子營造一種和平的環境，也就是製造一種非攻擊性的環境，不要給孩子提供發生衝突的可能性，以儘量減少衝突的發生。例如給孩子提供充足的遊戲空間，可以避免孩子之間因為偶然的身體碰撞而引起的攻擊性行為。

依據觀察資料顯示，缺少遊戲器材往往會引起孩子的攻擊性行為。因此，如果孩子的玩具比較豐富，孩子們就可以在不引起任何衝突的情況下從容地加入遊戲中。

另外，玩具本身的攻擊性也會導致孩子攻擊性行為的發生。專家對五到八歲孩子的研究中發現，被父母鼓勵使用攻擊性玩具的孩子比使用中性玩具的孩子更容易發生爭鬥。因此，對那些攻擊性行為比較強的孩子，父母要少給他們買刀、槍等帶有攻擊性的玩具。

六、培養孩子的移情能力

不管是年幼的孩子、青少年還是成年人，在受害者表現出明顯的痛苦時，他們一般都會停止攻擊，這大概就是「惻隱之心，人皆有之」的依據所在。

然而，攻擊性很強的孩子往往不是這樣。他們即使看到受害者表現得很痛苦，也會繼續進攻受害者。

兒童心理學家對這種現象的解釋是：這種孩子之所以如此「視而不見」，就是因為他們缺乏移情技巧，不會同情受害者——在傷害別人時，他們一點也不會感到害怕、羞愧或不安。

專家指出：訓練孩子的移情能力可以有效地降低孩子的攻擊性。高攻擊性的十一到十三歲的少年犯參加了為期十周的移情訓練之後，他們的敵意和攻擊性就會明顯地減少；對九到十一歲孩子的移情訓練也獲得了同樣的結果。

在家庭中，父母可以透過提供移情原型和採取一些約束性的方法來訓練孩子的移情能力。父母首先應該指出孩子攻擊性行為所引起的可怕後果，同時誘導孩子進行移情換位，想像受害者的感覺和心情，這是從心理感受和生理體驗上消除孩子攻擊性的一種好辦法。

美國著名心理學家傑拉德・派特森經過細心觀察發現，一些父母不正確的教育方法導致了孩子攻擊性行為的形成。由於父母和孩子在家庭的互動中，孩子的攻擊性行為得到了強化，因此他提出了一套「對攻擊性孩子的家庭教育原則」，這就是著名的「派特森的原則」。

這套原則的要點是：

一、孩子對父母或他人使用暴力的時候，不能因此跟孩子讓步。

二、孩子用暴力反抗父母或他人時，父母或他人不要因為孩子的暴力而勃然大怒，使孩子的暴力行為升級。

三、應該用冷靜處理的辦法去對待孩子的暴力，不要以暴制暴。比如可以先把孩子隔離在他們的臥室裡，讓他慢慢地平靜下來。

四、父母認真觀察孩子攻擊性的行為，建立一套獎勵方法：孩子做得好，便可以得到獎勵或一個好的評價；孩子表現不好，父母就不給他們這些鼓勵。如果孩子年齡比較大，父母可以和他們訂立「行為協議」，明確地告訴孩子，表現好就會得到獎勵，表現不好就會受到懲罰。制定「行為協議」的時候，要盡可能地讓孩子參與並充分發表意見。

五、當孩子表現出好行為時，父母要及時以積極而熱情的方式給予鼓勵，特別是對那些習慣於攻擊他人的孩子，父母更應該如此。父母的積極鼓勵一般都會強化孩子的良好行為。一般來說，孩子因此也會積極表現，爭取更多的鼓勵。

派特森進行了幾年的追蹤研究，他發現，絕大多數父母都很喜歡這種方式。而採用了這種方法之後，孩子的攻擊性行為大大減少，父母的憂慮也慢慢減少。

派特森認為，孩子行為的失控，其根源主要在於家庭，在於父母子女之間充滿不良的互動，因此，他認為，僅僅關注攻擊性孩子的失控行為是遠遠不夠的。

# 說謊話

當說謊變成一種習慣性行為，父母就有必要對孩子進行這方面的開導，讓他們明白什麼是真實的，什麼是虛構的。

不要把孩子的說謊與大人的說謊混為一談，因為孩子之所以說謊，是因為他們還不清楚說謊的嚴重性。著名的心理學家蒙特梭利說過：「說謊是心理問題中最嚴重的缺點之一。」對於成人來說，這是很恰當的，但是，說謊如果發生在孩子身上就應該具體分析了。

孩子說謊可以分為無意說謊和故意說謊兩類。

孩子無意說謊重要的原因之一是：孩子的年齡小，分不清楚自己的想像與現實之間的界限，因此常常用言語描述他們自己心目中幻想的東西。很多孩子都會把他們自己想像的東西當作事實加以描繪，這就是無特殊目的無意說謊。這種「謊言」，實質上是孩子想像的反映。

孩子有意說謊，通常都帶有明顯的欺騙目的。有時，孩子所說的謊話是他們推理的產物，比如，當他們認為一旦說出事實的真相就要受到懲罰時，就可能用謊言來掩蓋事實。或者，當孩子意識到不隱瞞事實就得不到社會的認同或父母的表揚時，他們也可能採用說謊的方法來達到目的。有時，由於孩子的軟弱和退縮，他們也會編織謊言來搪塞。

孩子的無意說謊，父母不必看得太嚴重，很多時候，隨著孩子認知能力的提升，這種現象就會慢慢消失了。但是，當說謊變成一種習慣性行為，父母就有必要對孩子進行這方面的開導，讓他們明白什麼是真實的，什麼是虛構的。

對於孩子的有意說謊，父母要嚴肅對待。

孩子說謊，常常與他們所處的環境關係十分密切。父母要在生活中製造一種寬容的氣氛，不要過於苛求和責難孩子，更不能用體罰來對待孩子的過錯，不要讓孩子形成恐懼感，這是防止孩子說謊的重要關鍵。孩子出現有意說謊的行為，父母要進行認真的思考和好好的分析，用事實真相來揭穿謊言，讓孩子明白說謊是一種不良行為，從一開始就堵住孩子說謊的管道。

此外，父母要從正面教育入手，讓孩子明白從小就要做一個誠實的人。講老實話，做老實的事，是做人的基本要求。讓孩子懂得，一個人只有不說謊才能心安理得，精神愉快。

為了防止孩子說謊，父母在孩子面前必須誠實、坦然，正直和真誠地對待孩子，不要當面一套，背後一套，讓孩子揭穿自己的把戲。父母如果這樣，孩子是不會聽你的話的。

這裡有一個方法可以幫助父母防止孩子說謊，這就是「信任」。

如果你是位三四歲孩子的父母，你可能會很驚訝，天真無邪的孩子居然會說出天衣無縫的謊話，你可能十分擔憂，覺得孩子的人格發展出了問題。

其實「說謊」是學齡期孩子智力發展的一部分，如果父母對每種謊言下的「祕密」能有所了解的話，便有助於對孩子的謊言做出適當的反應來。

孩子最常用的一種說謊方式就是「否認」，否認自己做錯的事。否認的目的是為了逃避懲罰；孩子的另一種謊言，可稱之為「講故事型」的，其目的是吸引別人的注意。孩子會自己去「創造」事實，甚至到了非常離譜的地步。還有一種是「自我實現」型的說謊。

兒童教育專家認為，在日常生活中，幼兒也有「自我實現」的欲望和動機，只不過幼兒「自我實現」的欲望和動機不像成人那樣強烈和明顯罷了。「自我實現」對於幼兒的身心健康成長有著強大的推動作用，父母和學校老師一定要善於利用幼兒的這一心理特點去誘導幼兒。

「自我實現」的欲望可以強化孩子對理想的追求。是每一個人都需要的心理追求，是發揮個人潛能的內在動力，是反映努力程度的主要標誌。

孩子滿口都是「為什麼」，這說明了他們希望自己能知道更多的東西，具有更大的本領，一天比一天進步，小手一天比一天靈巧。在生活的每一天，在每一次活動中，他們都希望老師給自己更多的表現機會，這就是「自我實現」的表現。

這一切都充分說明：孩子在一定的時候表現出對「進步」的追求，在不斷的追求過程中，他們就會逐漸產生健康的心理和初步的理念。

當然，孩子的理想是對自己人格的形象化，是透過幻想的形式進行描繪的，但是這種描繪是以孩子「自我實現」為動力產生和發展起來的，因此，對孩子不斷的進行成就感的培養，是一件至關重要的事情，而有效的鼓勵可以發揮事半功倍的作用。

例如：說謊，有的父母一旦發現孩子做錯事就打，孩子為了避免「皮肉之苦」，瞞得過就瞞，騙得過就騙，騙過一次，就可以減少一次「災難」。

可是孩子說謊，往往紙包不住火，易被父母發現。為了懲罰孩子說謊，父母態度更加強硬，為了逃避挨打，孩子下一次做錯事更要說謊，這樣就構成了說謊的「惡性循環」。

其實，大部分孩子的謊言並不像我們所擔心的那樣令人可怕，重要的是應瞭解謊言下的祕密。當然，如果孩子的謊言說得太多，或者他確實有錯誤想法時，父母就該特別注意。面對說謊的孩子，責備與毆打絕不是最好的處理方式。

當孩子出現撒謊的問題時，父母應該注意以下幾點：

一、不能感情用事

孩子能夠把自己好的一面，如獲得了老師的表揚，作業得了優等向父母報告，說明孩子是有上進心和榮譽感的。應該及時給予肯定和表揚，但是，父母此時不要形於色，表揚過度。父母應該使孩子明白自己這樣做是對的，今後還必須繼續努力。

當孩子主動向父母承認錯誤時，這時父母要善於控制好自己的情緒，向孩子講明白，知錯能改是對的，但是，必須要求孩子少犯或者不犯同樣類型的錯誤。

如果孩子承認錯誤時，父母控制不了自己的情緒，大聲斥責孩子，甚至動手打孩子，那麼就會讓孩子感覺到，如果不告訴父母，還可以逃避懲罰，透過不斷的累積這樣的經驗，孩子就會慢慢地把自己所犯的錯誤隱瞞起來。

所以，只要孩子講的是實話，不管犯了多大的錯誤，父母都應該冷靜地對待錯誤本身，幫助孩子分析錯誤的原因，向孩子講清楚道理，增加孩子犯錯誤的免疫力。

二、要全面瞭解孩子的情況

遇到孩子報喜不報憂的時候，父母應該主動與老師取得聯繫，瞭解孩子在校的表現，如孩子說的與老師不同，也不要急於斥責或打罵孩子，最好的方法是引導孩子自己講出真相，然後再給孩子講道理，要讓孩子明白不論犯了什麼錯誤都應承認，不能向父母隱瞞。

父母應該明白，不犯錯的孩子是找不到的，犯了錯只要能夠改正，就是好孩子。遇到這種情況向孩子發脾氣是不好的。除了和學校老師交流之外，父母也可以間接的向孩子的朋友瞭解一些情況。向孩子的朋友瞭解情況要講究方法，不能像跟老師瞭解情況那樣直接去問，最好是用聊天的形式進行廣泛地瞭解。這樣可以避免或傷害孩子在朋友中的形象。

總之，遇到這種情況，父母的態度要冷靜，不要緊張。另外，父母要以身作則，說話算數。父母還要為孩子營造一種比較自由的環境，正確對待孩子偶然的過失，不能讓孩子產生過度的心理壓力。

# 嫉妒心強

教育孩子學會寬容待人，想想別的孩子的長處都是經過辛苦努力得來的，只要努力，自己也可以獲得。

在幼稚園，我們經常看到孩子向父母要求要買跟同學穿的一樣的衣服或玩具等。這種現象看起來平常，其實是孩子嫉妒心理在作怪。在校園裡，表現好、成績好的學生，常常會得到老師喜愛，調皮的學生會對這些學生惡作劇，這也是嫉妒心理在作怪。

一般來說，愛嫉妒的孩子情緒變化快，一會兒幸災樂禍，得意忘形，一會兒又咬牙切齒，打人、罵人或惡作劇，一會兒又自艾自怨，意氣消沉。

作為父母，首先應身體力行，做出榜樣，不要在孩子面前表露出成人的嫉妒。

第二，父母要幫助孩子消除自私的心理，教育孩子學會寬容待人，想想別的孩子的長處都是經過辛苦努力得來的，只要努力，自己也可以獲得。

第三，父母要幫助孩子樹立自信心，每個人都有自己的長處，不如人的地方也不要自卑，要麼努力追趕，要麼泰然處之。

第四，父母要讓孩子瞭解自身家庭，不要處處都與其他的孩子比較。

年輕的父母必須留心地觀察自己的孩子，讓自己的孩子健康地成長。健康的心理要靠父母細心的教育，不要聽之任之。

研究顯示，孩童時期的心理發展常常會影響到一個人的一生。在教育孩子的過程中，不少父母都常常對孩子某方面的不足耿耿於懷，常常掛在嘴上，這是值得父母注意的。

父母在教育孩子的過程中，應該注意「揚長避短」的問題。也就是說，父母千萬不要經常「揭」孩子的短處。主要方法如下：

一、父母不要太在意孩子相貌的美醜

一個人的相貌美醜，最主要的因素是天生的，任何人都不應該對此過度在意。作為父母，對於那長相很醜或很美的孩子，應該儘量不要在他們面前發表有關這方面的評論。

根據研究顯示，孩子在被他人評論時，「相貌異常」的孩子常常會因為對自己的相貌「與眾不同」而產生自卑或自傲心理。特別是相貌很醜的孩子，他們的自卑心理會嚴重影響他們一輩子。無論是美還是醜，過早的自我關注，都是不利於兒童心理正常的健康發育。

二、父母不要在心理上固化孩子的「毛病」

有些父母「嫉惡如仇」，一旦發現孩子有什麼不正常的地方，立即「大動肝火」，馬上就給予嚴肅的「批評糾正」。這種做法常常會引起一種「固化」孩子行為的作用。比如說，有的孩子有「抖腳」的問題，父母就常常隨時提示、指責，甚至喝斥、打罵。可是事情常常「事與願違」，父母越是說，孩子的心理越緊張，抖腳的動作越不能糾正。

三、父母不要過分宣揚孩子的優勢和特長

俗話說：「孩子是自己的好。」不少父母對自己的孩子表現出來的天真、天分往往給予過分的肯定、讚揚和宣揚，比如對他們「超強」的演算能力、背誦能力、音樂、美術方面的技藝等，不光是在家自我欣賞，還在親戚朋友面前讓孩子表演。這是很不好的做法，容易助長孩子的驕氣、傲氣和虛榮心，導致孩子過早地走上被迫學習的道路，從而影響了身心健康和全面發展。

四、當孩子與不如自己的人比

「愛比較」也是嫉妒心理的一種表現。

我們有時發現，孩子常常會與不如自己的人比。譬如說，孩子考試考了七十五分，父母不滿意批評他。孩子卻說，班上還有很多人不及格呢！有的父母對這種情況無可奈何，不知怎樣跟孩子講清楚這個道理。

不少資料顯示，喜歡與「不如自己的人比較」的孩子是比較普遍的。很多父母認為，這是孩子沒有上進心的表現。要解釋這個問題，讓我們先來研究一下孩子之所以這麼想的原因。

每個人都有一種得到他人認可的欲望，孩子也不例外。也就是說，每個孩子都期望得到父母的認可。但是，孩子考試不理想時，就會本能地害怕得不到父母的認可。孩子說：「還有比我差的呢！」其實就是在說：「我還是算好的呢！」這是孩子在進行自我表揚，這是孩子在盡力維護自己的形象。這種情況也常常出現在父母的身上，這叫「自我安慰」。

「知足常樂」，這是人之常情。孩子是比較容易滿足的，只要知道有人不如自己，心裡就會感到滿意，所謂「比上不足，比下有餘」嘛。應該明白，孩子在尋找自我心理上的平衡點，從心理健康的角度來看，這也不是件壞事。

小學二三年級的孩子還小，對學習的目的和任務還是不很明確的，有的孩子甚至認為學習不是自己的事，是「父母的事」。因此，對學習不是很上進，這也常常是會造成「愛比較」的原因。

父母要改變孩子的這種狀況，千萬不要性急，這是需要一定時間的。隨著孩子年齡和經歷的增長，他們對事物的認知是會不斷提升的，自覺性也慢慢加強，這種「比較」的現象會逐漸減少。

對此，以下幾條建議可供父母參考：

一、在孩子同意的前提下，從班上找一個各方面情況都與自己孩子差不多的但成績上又稍高一些的同學作為競爭對手，幫助孩子設定一個目標。這樣就可以充分調動孩子的積極性，把原來的「向下比」變成「向前看」了。

二、在平時的學習中，父母可以引導孩子自己與自己比。培養孩子的競爭意識，不是一天兩天的事情，在孩子每一步的學習過程中，都可以讓孩子把自己的過去當成一個超越的目標。這樣孩子就會真正體會「進步」是什麼涵義了。

三、父母要及時對孩子進行表揚，這樣孩子就不會有「總得不到讚賞」的感覺。

# 做孩子的「知己」

做孩子的知己就是要重新開啓孩子的心扉，其方法之一就是傾聽孩子的傾訴。

許多十幾歲的男孩、女孩經常做的一件事就是上網聊天，不瞭解其中內情的人，都認為他們被「網」住了。

在聊天室裡的原因是「網戀」，這當然只是其中的原因之一，但是根據觀察，也有不少的少男少女在網上談論的都是一些很健康的話題，如互相傾訴學習上的困難或生活上的苦惱等。而這些話題他們應該是可以和父母談論的，但是為什麼要選擇那個虛擬的世界與陌生的人們呢？

可見父母與孩子之間的隔閡是存在的。我們認為原因就在於缺少溝通。

在很多家庭裡可以發現這樣一種現象：每當孩子出現一些問題時，父母往往不給孩子申辯的機會，更不願傾聽孩子的訴說。

或許因為這些父母受中國傳統觀念的影響太深，認為與孩子平等的對談

「不成體統」？那可真是件令人感到悲哀的事情了。

或者是因為其他原因？當然，處於成長期的孩子，明辨是非的能力雖不是很強，但他們有自己獨特的思維方式。他們每做一件事，都有自己的理由和想法。

因此，當發現孩子在自己面前「封閉」他們想法的時候，做父母的應該冷靜下來，尊重孩子獨立人格的尊嚴，給孩子訴說的機會，瞭解他們的觀念，然後因勢利導，幫助孩子提升認識問題的能力。

然而，在許多情況下，責任是在父母身上：有些父母沒有意識到傾聽孩子訴說的重要性，孩子一旦出現問題，總喜歡用成人的思維方式去評判孩子所做的一切，把自己的意願強加在孩子身上，不給孩子解釋的機會，輕則斥責重則打罵。

孩子因失去說話的權利或自己的話得不到父母的信任，只好將委屈和不滿埋藏在心底。這樣，父母不僅失去一次瞭解孩子所思所想的機會，孩子也會從此產生與父母對抗的心理。

傾聽孩子的訴說，充分尊重孩子說話的權利，這不是放縱孩子的不良行為，也不是放任孩子狡辯，這是一種鼓勵的技巧。

傾聽孩子的傾訴可以有以下三方面的作用：

一、有利於父母子女之間的觀念交流

研究發現，只有充分尊重孩子的權利，孩子才會充分信任父母，把自己的真心話說出來。父母教育孩子也才能對症下藥，從而幫助孩子端正觀念，糾正錯誤，不斷進步。

二、建立一個健康的心理環境，促進孩子身心的良好發展

孩子有了向父母傾訴內心感受的機會，就會跳脫壓抑的心境，克服自卑感，增強自信心。這也是鍛鍊孩子社交能力的極好機會。

沒有不犯錯的孩子，孩子犯了錯誤，父母不應該抓著不放，而是要給孩子改過的機會。讓孩子傾訴就是一種讓孩子改過的好方法。

作為父母，千萬不能因為自己的子女是一個孩子，就忽視了他們闡述自己看法的權利。很明顯，一味的指責和粗暴的說教，是不能真正解決問題的，父母更不能居高臨下，應該傾聽孩子訴說原委。

孩子有值得鼓勵的觀點，父母應表示支持的態度，孩子在認知上所存在的盲點可循循善誘的啟發開導。也可以說：傾聽孩子的訴說，是一把開啟孩子心靈之窗的金鑰匙。

三、父母應該多讓孩子參與活動

在此，我們認為，拉近父母與孩子心理距離的最好的辦法之一就是父母與孩子一起活動。

孩子覺得自己受到重視，就會自然而然地產生成就感，體驗到平等對待的樂趣，同時，他也會開始對自己的行為負起責任，經過一段時間的努力，這種好習慣就形成了。

現在的家庭多半子女少，小孩絕大多數時間是和父母待在一起，但孩子的感情只與大人之間交流是不夠的，還需要同儕之間的相互溝通，小孩長期生活在「三人世界」中，會覺得孤獨，常不願意上學，不願意和別的小朋友在一起玩耍。也就是說，如果將孩子的那個屬於「三人世界」的環境改變了，他就會變得很不適應，而養成不合群、怯懦、孤獨的性格。

因此，當孩子學會走路後，父母每天要給孩子一定的時間讓他和別的小朋友去玩。這樣，可以使孩子們之間互相學習、互相競爭、互相交流，即使是爭吵、哭鬧——只要沒有危險，父母就不要干預，讓他們在玩中學會處理問題，去擴大自己的社交範圍，從而培養了他們從小就有自己「闖天下」的獨立意識。

讓孩子懂得如何與別人和睦相處，與別人關係融洽是使孩子快樂成長的一個重要條件。應該清楚，父母是不能完全支配孩子的社交生活，但是可以透過與孩子建立親密關係去引導他們如何與人相處。

這種方法其實很簡單，只要父母儘量安排孩子與別的孩子一起玩，就是一種簡單易行的方法。如讓孩子參加同齡兒童的遊戲活動，帶孩子到遊樂場跟小朋友玩；父母還要能隨時歡迎孩子的朋友到家裡來做客等。

父母還必須幫助孩子培養設身處地為他人著想的心，儘量讓孩子談談家裡的人和事，談談故事或電視節目中的人物，這樣做也可以幫助孩子快樂起來。

# 尊重孩子的感受

自我意識的膨脹，最主要的根源，還是在於父母沒有能夠真正地把孩子放在人格平等的位置。

許多父母都發現，儘管他們過去對孩子的獎勵很有效果，然而當孩子進入青春期以後，再給予同樣的獎勵，孩子居然感到很反感。

青春期的孩子自我觀念強烈，對父母的要求和期盼往往會抵抗，這是孩子已經長大的表現，他們會用這種方式來表現自己對事物的看法。

當然，面對青春期孩子的反抗心理，父母們不必過於緊張，事實上，如果過去的所有獎勵適當而且合理的話，孩子的行為就應當早已受到良好的薰陶而成型了，以後就不會脫離基本的軌道。

因此，面對青春期的孩子，父母應該站在幫助孩子判斷是非善惡的立場上，訓練孩子對事物的處理能力和解決的方法。

經驗證明，對於獎勵，精神上的要比物質上的更有效。因為從這個階段起，孩子是一個獨立的個體，因此培養孩子的自尊心和責任感，才是父母最重要的任務。所以應該尊重孩子在這個階段特有的心理感受。

進入青春期的孩子還會有一種「天將降大任於斯人也」的豪情，有些孩子甚至會明確地告訴你：「沒有了我，地球就不會轉得這樣好！」也只有在這個時候，我們才會明明白白地發現孩子與我們之間的差異，才會發現，孩子們其實有著比我們更豐富、更真實、更富有激情的感受。這種感受的核心就是對自我價值的充分肯定。

很多人認為，現在的孩子，自我意識實在太強了，甚至有膨脹的趨勢，簡直變成了「以自我為中心」。其實，仔細想想，孩子們是沒有錯的。自我意識的膨脹，最主要的根源，還是在於我們沒有真正長期一貫地堅持把孩子放在與我們平等的位置上。我們和孩子之間就像是天平的兩端。

過去，這個天平似乎很難平衡，不是我們有意無意地翹到了天上，就是孩子糊裡糊塗的成了「小皇帝」。孩子們很少真正有和父母平等的地位和溝通的機會。

孩子生病了，有些父母覺得他應該到醫院看病，可是孩子卻覺得去學校參加活動更重要。這個矛盾究竟應該如何解決？只要父母在心目中平衡孩子的位置，就可以找到教育的策略。

我們可以設想，如果父母一開始就跟孩子商量一下怎麼做是最好的，而不是一定要讓孩子服從自己的安排，到醫院去看病，孩子也許就不會產生反感。我們當然不是說凡事都應該按照孩子的想法去做。

如果孩子在我們的心裡真的有了一個恰當的位置，我們就知道該如何解決彼此之間的矛盾。同時，有了平等的交往，孩子即便有不滿，也不會產生受到傷害的感受。

今天的孩子最需要的是什麼？是吃、穿、用、玩樂嗎？不是。是知識嗎？也不是！今天幼稚園的孩子已經學到了許多以前需要到小學才能學的東西。

現在孩子最需要的是尊重，是來自父母的真愛。嬌寵、溺愛或「恨鐵不成鋼」地指責孩子都不是真心愛孩子的表現，尊重孩子才是對孩子的真愛。

怎麼樣才能拉近與孩子的心理距離呢？

一、回答疑問

父母耐心的對待孩子的每一個問題或要求，這是讓孩子感覺受到尊重的好方法之一。父母應該學會認真傾聽，不要因為太忙而簡單應付孩子，隨便說：「這本來就這樣，有什麼好問的？」「我正忙著呢，問你們老師去！」

父母如果經常採用這樣的方法去「打發」孩子，他就不會把你當成自己人，就不會把真心話告訴你。

二、信守承諾

信守承諾不僅是一般人應該遵守，對孩子也不能例外，因此，不能輕易給孩子許諾，一旦許諾，就一定要兌現，讓孩子感覺到你值得信任。

父母一旦在孩子的心裡失去信任，他就會對父母陽奉陰違，就不會把「心」掏給父母，父母就會因此失去在孩子心目中的影響力。到了這個地步，父母即使採用最嚴厲的責罰方式，也常常會把事情越弄越糟。

三、不要談論孩子

孩子雖然是孩子，可是孩子也應該得到足夠的尊重。父母應該注意，不要當著孩子的面與別人談論他。我們知道，孩子並不喜歡被別人當作「展示品」或「話題」。

父母不要不管孩子的意願就把他當作話題給客人來做評論。如果這樣做，孩子就會認為他在任人擺佈。

四、不要亂比較

有些父母喜歡拿自己的孩子與別人的孩子進行比較，並且這種比較往往是拿孩子的短處去比別人孩子的長處。

研究證明，即使是拿自己孩子的長處比別人孩子的短處，你的孩子也不會因此而發奮圖強，反而是讓孩子變得驕傲，在其他小朋友面前「神氣」、「特殊」。相反的，拿孩子的短處去比別人的長處，孩子就會很快認為自己「不如別人」，而慢慢變得自卑起來。

對孩子進行比較是可以的，可是最好的方法是對孩子進行縱向比較，也就是將孩子的「今天」與「昨天」進行比較。父母要不斷肯定孩子的每次進步——哪怕是一丁點兒的進步——孩子會因此感到欣喜，進而受到鼓舞的。

五、說話和氣

父母對孩子要和氣，要像朋友那樣，不要動不動就採用命令、教訓的口氣說話。值得指出的是，不一定是具體的內容才會讓孩子感到自己受支配，語氣、語調的作用往往比具體的內容更會影響孩子。比如「你給我聽著！」「你老實點！」「快點走！」「過來！」等類似的話，會使孩子覺得父母在把他當「動物」來使喚。

要尊重孩子，父母應該多用情感語言與孩子進行互動，讓孩子覺得你是在與他談心。父母應該說這樣的話：「我覺得我們得好好談談。」「咱們是不是得快點，不然就會遲到的。」「這件事我覺得這樣做比較好，你不覺得嗎？」根據觀察資料顯示，以上這些話都能讓孩子覺得他受到了尊重。

六、容許孩子犯錯

要容許孩子犯錯。孩子犯錯是正常的，不犯錯才是不正常的。孩子犯了錯怎麼辦？最重要的關鍵是要正確對待，不能不管，可是要怎樣去管呢？最重要的是不要粗暴干涉或者嚴加懲罰，而是民主地對待，也就是容許孩子犯錯，督促孩子改過。父母可以這樣與孩子交談：「孩子，我覺得你今天好像變了一個人似的，怎麼回事？」也可以這樣評價孩子所做的錯事：「這不像是你應該做的事。」

還可以嚴厲地指出：「我沒想到你竟會做出這樣的事情，你不要讓我失望。」

父母對犯了錯的孩子的嚴厲性要視所犯錯誤嚴重程度而定，但是，無論如何，要給孩子自己思考並改正錯誤的機會。用一句很簡單的話說，孩子即使犯了錯，也應該一如既往地得到應有的尊重。

# 抱緊那個
# 愛你的孩子

父母必須在開發孩子智力的同時，
也注重孩子的心理健康。
請記住，要抱著厚望去教育孩子，
而不是抱著慾望或野心，這樣才能把孩子教好。

# Part 3

## 製造有利的成長因素

Give That Kid A Hug

# 如何避免對孩子的無意傷害

父母不當的教養行為，對孩子的影響很大。

一位兒時受到父親嚴厲批評和貶抑的人，在工作崗位上一直與主管對立，他把他的情緒和敵意轉移到男性主管身上，跟他真可謂是「水火不容」，與同事之間也相處得不好，幾乎要被開除。

他回憶起兒時的際遇，談到父親的嚴厲批評和貶低。他說：「父親什麼都挑剔，經常罵我『笨得像豬』。我既憤怒，又覺得自己的無能。」

朋友說：「你是不是把你的主管當成了你自己的『父親』？」

「怎麼會？」

朋友接著解釋說：「當你的主管在指導你該怎麼做時，你當下是不是有一種被貶抑或淩辱的憤怒。」

他沈默了良久說：「嗯！嗯！好像是。」

「你把對父親的憤怒轉移到他身上了。」朋友說。

「啊！好像是。無論他說什麼，我都會去反駁他，甚至與他對立，所以我跟主管相處的不好，幾乎為此而丟了工作。」

這時，他才大夢初醒，開始用自己的理智去看清現實的生活，從許多抱怨和反抗中醒覺過來。

有許多人一輩子都在不適應的狀況下生活和工作，他們憤怒、沮喪和情緒化，這實際上是創傷在作怪，而不是別人在找他麻煩。

父母親要注意防範這類不經意的童年創傷，不要因此而害了孩子的一生。

父母親都愛護子女，不過卻常會有不經意、不自覺的傷害行為。有些人以為教育子女就是管教、支配和批評：孩子跟他一起生活，自尊心經常受到踐踏和傷害，久而久之，孩子的心智發展便出現了問題。

兒童是很脆弱的，父母教導的方法過於專制、粗暴，動不動就對他體罰和喝斥，會對孩子造成嚴重的心理創傷。

父母們不妨自問，你是否出現過以下的情形：

1．經常對孩子動怒、呵斥、發脾氣或以粗暴的態度相向。

2．討厭孩子身上某些令你不愉快的特質，且重複批評或淩辱。

3．從不稱讚孩子，當別人稱讚他時，你卻說「哪有這回事！」

4. 當著眾人面前給孩子難堪，數落他的不是，而不是等回家後再糾正告誡他。
5. 以體罰作為教育孩子的方法。
6. 對孩子冷漠或疏遠。

以上所列出的行為或教養子女的方法，都會對孩子造成傷害，後遺症之大，甚至影響其人格的健全發展。

# 對孩子要有較高的期望

父母有信心就能在言談中發揮鼓勵的作用。

一位母親說：「我的孩子成績不如人，要怎樣才能幫助他開展健全的人生？」

老師說：「要對孩子抱以厚望，要有信心。」

「他成績不如人，才華不如人，怎麼可能對他抱以厚望呢？」

「無論成績好壞，都要對孩子抱以厚望，你才會看得起他，不會貶抑他、批評他。只要你認為他有潛能，他就會有信心走出正確的人生道路。」

這位母親半信半疑，所以老師將自己的成長經驗告訴她：「我小的時候成績也不好，但母親沒有批評過我，沒有對我表示失望過。我常常聽到她說：『考幾分沒關係，只要努力就好，將來一定有好前途。』母親一直給我很高的期望，但從來不批評或責備我的成績。」

這位母親聽進去了，頷首表示同意。

壓力好像是現代人的夢魘，什麼不順遂的事都和它聯想在一起。健康出問題，說是壓力惹的禍；生活調適不良，也歸因於壓力所導致的；孩子行為有了偏差，壓力更是脫不了關係。

人人談壓色變。父母親為了孩子好，儘量不給孩子壓力。於是，不敢對孩子抱著較高的期望，結果相信孩子能夠力爭上游的信心便受到限制。

父母要有信心，相信孩子是上進的，以此對待孩子，孩子就有上進的表現。

心理學家羅森格爾和傑卡布森研究發現：如果對學生抱持高度的期望，就能對他們產生良好的激勵作用。

這個研究是在新學期開始時，心理學家在每班找出五個學生，說是經過測驗篩選出來最具發展潛能的孩子——實際上這些孩子都是隨機取樣得來的。當這些名單公佈之後，老師相信榜上有名的孩子是最具有潛力的——即使現在成績不好，也相信將來他們會有好的表現。於是，老師在言行之中對孩子抱持的高度期望，會對孩子產生激勵的作用。一年之後，這些孩子的成績和智商都明顯提高。

對孩子抱著厚望，與對孩子有信心，這兩種心情是分不開的。父母對孩子有信心，寄以厚望，就能在日常的言談中，發生鼓勵作用。

英國第二次大戰時的首相邱吉爾，小時候的學習成績並不是很好，人又調皮。因此，許多人都對他很失望。但是，他的老師卻抱以厚望，並對他說：「你一定會走出一條光明的路。」邱吉爾後來努力向上，對國家和世界和平貢獻卓著。在他的回憶中，他常想著他的老師對他抱以厚望的鼓勵。

每一個孩子都有唯一獨特的天賦，不要拿他跟別人比較，而要對他寄予厚望，他就不會辜負你的期望，並且走出他自己亮麗的未來。

# 相信孩子做得到

重視孩子的天賦並真心相信他做得到。

《對孩子期望要高》一文在報紙上刊出之後，有很多父母來信，希望做深入一點的說明，好正確掌握要領。

其中有一位母親說：「我的孩子上五年級了，各科表現都很好，唯獨數學成績不佳。我花時間教他，加強練習、抱以厚望，結果卻不見起色，反而弄得厭惡學習，連其他科目也考不好。」

這位母親對孩子的愛令人敬佩，肯付出時間教孩子也令人欣賞。但是，她在來信中，充分表現出失望和擔憂，就是這些情緒和態度，破壞了之前所做的努力。從現在開始，只要能警覺，不讓這些負面的情緒和態度襲上心頭，所做的努力就會成功。

無論孩子平常的表現是否乖巧，在校成績是好是壞，父母都要對孩子保持信心、愛和希望。親子之間的互動，只要父母對孩子失去希望，便很容易因情急而說出傷害孩子自尊的話，諸如：「數學成績這麼差，你的前途完蛋了」「老是粗心大意，改不過來，我看你沒指望了」「你這笨蛋，沒出息」……

父母親在指導孩子功課、待人接物和日常生活行為時，孩子的錯誤若一再出現，挫折感不免油然而生，頓時覺得失望和沮喪。這時，你若對孩子做出絕望的表情，便會因此而傷害孩子的自尊、信心和主動性。當然，孩子也會因氣憤而疏遠你，甚至觸發反抗或衝突的行為。

心理學的研究發現，親子之間的情感溝通，辭彙傳遞的比例約占百分之七，語氣占百分之三十八，表情和當時的肢體動作則占百分之五十五。當父母親開始對子女擔心、失望、無奈時，和孩子說話的語氣、語調、表情和肢體動作，便會直接傳遞出失望或絕望的訊息。如果一時情急，又說了一些洩氣的話，那麼你傳遞給孩子的訊息，幾乎全是負面的。

父母要把慾望（野心）和希望做個區隔。慾望是父母的，是大人對孩子的前途和表現所做的預設。我們往往用它來批評和挑剔，而以為這就是教育。事實上，這容易給孩子帶來挫折感，使他們漸漸陷入被動的心態，即使你用鼓勵的話語，也不容易有好的效果。

希望與慾望不同，父母在與孩子相處中，要真心相信孩子能走向光明的人生，相信孩子能適應他的未來生活，並抱以厚望。我們當然要指導孩子待人接物、做學問和思考的方法，但絕不能因成績不好而對他表示失望，也不能為一時犯錯而預言他的前途無望。我們要不斷的努力，說的和做的都要表現出對孩子的未來寄予厚望，用這種熱情和歡喜心，就容易把孩子教好。

每一個孩子都有其獨特的天賦，沒有一個孩子是十全十美的。因此，多欣賞孩子的長處，孩子會越來越好，而且有勇氣去克服他的缺點；反之，挑剔一多，孩子就會覺得自己生活在絕望之中，並把自己本身的才華也壓下去了。

請記住，要抱著厚望去教育孩子，而不是抱著慾望或野心，這樣才能把孩子教好。

# 家庭環境對孩子的重要性

要多投注精神和時間去經營家庭生活。

史汀尼和迪法蘭曾經研究過三千多個健全的家庭，發現這些家庭的共同特色是：投入精神，找時間在一起；互相欣賞、溝通和澄清誤會；有精神寄託，懂得應付危機。這些因素也同時培養了孩子，在未來的生活中擁有這些本事，創造他們美好的人生。

因此，經營一個穩固的家庭應該注意：

1. 要多投注精神和熱情，經營家庭的活動，創造新的氣氛。
2. 找時間在一起做事、遊戲、吃飯和閒聊。據一項研究指出，兒童認為形成家庭快樂的事情是，大家在一起做事情。
3. 經常抱持欣賞的態度看家人，會激勵孩子更加自愛和自治，如果一味指正，反而造成諸多隔閡和疏離，平常能欣賞孩子，要求他改正錯誤時，才容易被接受。

4.在家庭中吹毛求疵，故意貶低和譏諷孩子，不但會損害孩子健康的自尊，同時也會造成冷漠以及人際溝通上的障礙。

5.家庭溝通在於肯花時間溝通，其過程中能發現孩子需要你的協助、安慰和分享心事，許多家庭把溝通當談判，要孩子就範，那是一種錯誤，正確的溝通要用在澄清誤會、交換意見和釐清事理上。

6.家庭要有良好的精神寄託，以促進愛心、責任感和對生命的珍愛，這需要藉由家庭的紀念日、宗教活動和恪守道德信念的行動來協助。

7.家庭有了任何危機，例如：有人考試失敗，有人工作不順利，或者感情上出現困擾時，需要沈著應變，而不是推諉和指責。

家庭是一個結構性的組織，它具有互愛、包容、教育、經濟生活及文化傳承的功能，總在不知不覺中進行。家庭關係如果健全，彼此間的相互支援緊密，就能突破種種困難，保持成員身心健康。

脆弱的家庭往往培養出脆弱的孩子。情緒化的行為、不負責任和任性的個性，以及伴隨而來的衝突、沮喪和絕望，會使天真活潑的孩子性格突變。

所以，你必須下定決心去營造出一個健全的家庭環境——它不但關係著你個人的幸福生活，同時也是孩子成長的樂土。

你過的是什麼樣的家庭生活，就會教育出什麼樣的孩子。在健全的家庭中成長的孩子，心智發展都會比較健康。

# 你是個稱職的父母嗎？

父母親應經常陪伴、妥善照顧孩子，並懂得為孩子喝彩。

有一位母親問道：「做稱職的父母需要什麼條件？」
為此，教育學家列出了以下幾項：
1．關心和瞭解孩子的問題，體諒其心情，並協助解決問題。
2．具有良好的情緒控制習慣，有耐性，能化解衝突，創造祥和的氣氛。
3．安頓好孩子的活動和就學，使生活作息正常。
4．做孩子的後盾，給予他們嘗試和學習的機會。
5．一顆寬大的心，不為孩子越俎代庖，不為孩子過度擔憂。
一個人在童年以前的生活經驗，影響其情感、情緒和價值觀念最深。當你閉起眼睛回想自己的過去，就會發現童年的景象，像一幅幅畫一樣浮現出來；年紀越長，童年的記憶和情緒，越容易縈繞腦際。
你在待人接物時，情緒和感受幾乎是童年經驗的投射。童年時代的自信和好奇，會在現在表現出來，過去的不安和退縮，現在也一樣。或許迫於社會的現實，你學會參與，投入群眾，但內心深處仍有過去的退縮和不安，有時還會發展出焦慮和身心症狀，因為童年時期的不安並未消除淨化。

尤其是幼童時代，個人智力的發展狀況，關係著日後持續發展的品質和速度。研究發現，孩子四歲以前智力發展的比例，相當於四到十七歲所發展的智力。此外，多元化的智慧開拓，明朗化的經驗開展，都是在童年以前發生的。

所以說稱職的父母，無疑是孩子先天的幸福——個人基本心智的好壞，父母的影響是最大的。經多年來的觀察，對孩子最大的傷害是疏忽、遺棄和虐待，最寶貴的是撫愛、喝彩和分享經驗。一個孩子能當父母的跟屁蟲，有話可說，一起生活、工作和歡笑，真是幸運之至。

常在孩子的身邊，是稱職父母的首要條件。沒有父母陪伴的孩子，容易焦躁不安或發展成偏差行為。尤其是沒有父親陪伴的童年，往往使學業落後、易引發犯罪、不懂得應付危機。而缺乏母親相伴的孩子，在語言發展和人際關係上也易滋生困難，心理的不安全感也會提高。

稱職父母的第二個條件是照顧——沒有照顧就等於沒有做到父母的天職。親子之間有了照顧，才有愛的溫暖和成長的動力。美國曾做過調查，只有百分之三十的男性會照顧孩子，但女性則高達百分之七十四。從這些數字可以瞭解，仍有許多孩子沒有受到父母親的照顧。

照顧孩子能使孩子從中感受到父母親的愛並發展出孩子的信任關係，且可建立孩子的安全感和生活教育的機會。父母在照顧孩子的過程中，也表現出自己對生活的態度、情緒和待人處世之道。特別是透過照顧，而付出的鼓勵和給予的心理支持，能使孩子變得積極主動、建立自尊和自信，這是孩子將來完成自我認同的主要條件。

稱職父母的第三要件是懂得為孩子喝彩，給與他鼓勵和欣賞的眼光。父母親的照顧，建立在有能力的愛上，如：跟孩子一起生活、一起做家事和學習基本技能，從中分享樂趣和成就，孩子的心智便能得到啟發。

有許多父母雖然花費很多心血照顧孩子，卻把孩子照顧成脆弱和被動的人。稱職的父母在照顧和陪伴中，必需記得給孩子學習、嘗試和克服挫敗的機會，因為孩子是在自己的生活經驗中學習成長的。

# 對孩子的管教要有原則

對孩子的管教要有原則，過度犧牲不是美德。

有一對夫妻，養育著兩個子女。

他們很愛自己的子女，全心照顧、教導和陪伴他們，希望他們好好成長，將來可以擁有健全的身心和美好的人生。但他們告訴老師：「我們撫養孩子，全心教導他們，卻把自己弄得精疲力竭。」

「教養子女雖然辛苦，但應該是快樂有趣的才對。」老師說。

「不，我經常擔心沒有把孩子教好。為了孩子，我經常壓抑自己的情緒，因為我怕傷害到孩子。時時刻刻為孩子的需要著想，覺得壓力越來越大。我的生活都被孩子佔據，覺得好累，所擔心的也多。」

求好心切的父母，處處為孩子設想，精神壓力大，自己覺得累，孩子也未必受益。許多父母親為教育子女而煩惱，在此建議父母們必需要有正確的態度：

1. 父母可以表達自己的感受和立場

例如孩子們把房間弄得很亂，父母就應該把亂的感覺說出來：「你把玩具丟得亂七八糟，我受夠了！趕快把它收好！以後要記得收拾！」你可以用嚴肅的口吻來表明你的立場，但不可批評和貶抑。如果你說：「你的房間像狗窩，像豬舍。」那就是貶抑。

2. 該你做主就該做主

大人該做的決定，反而去問孩子，這是錯誤的，這並非是啟發或尊重。你問孩子：「我們搬新家好不好？」這會讓孩子凌駕在你的頭上，這是錯誤的，而不是民主。一位單親媽媽對孩子說：「媽媽想再結婚好不好？」那也是一種錯誤，因為你做了不能做決定的壞示範，也給了孩子指使你的機會。

3. 管教孩子免不了犯錯

父母不是十全十美的人，免不了犯錯：錯了就錯了，記得避免再犯就好，無須自責。自責會讓你不知所措，會壓抑你對待孩子的教養態度。「我對孩子發脾氣，實在不應該，他會不會受到創傷？」如此擔心或自責，不但對孩子無益，也阻礙了你教育子女的肯定性。記著，只要不貶低、不傷自尊，偶爾發點兒脾氣是無妨的。

4.教育子女未必要犧牲自己的事業

只要你安排得宜，有時間相處，能照顧他們，你可以兩全其美。能兼顧子女和事業的人，也給孩子做了勤奮工作的身教和示範。問題是該如何調適工作與生活，而不是犧牲事業。

5.要注意保持良好的婚姻生活

父母不應該為孩子而犧牲婚姻。有人為了孩子的未來，讓太太帶著孩子到國外去求學，自己留在國內工作。我不認為這種犧牲婚姻和家庭的做法，對孩子有什麼好處。孩子所需要的不是只有學業成績，孩子更需要正常的家庭生活，和美好的人生示範。

教育子女很重要，它需要愛和承擔；但不是把重心完全放在孩子身上，而是放在豐富的家庭生活才對。

# 如何溝通孩子才會聽話

溝通的目的不是要孩子聽自己的話，而是彼此聽懂對方的話，形成了解、啓發、互愛和良好的默契。

朋友帶著兩個孩子來訪，老師邀他們一起登山。

大家一路閒聊，兩個就讀小學的小朋友帶來了諸多的笑聲和樂趣：他們撿拾落葉做花環；比賽看誰發現的小動物多；把拾得的樹葉歸類，把發現的小動物做一番記錄整理。孩子收穫很多，大人也從大自然的萬象和孩子的敏銳觀察中，得到許多啟示。

朋友很好奇地問老師：「孩子跟你在一起就顯得聽話，變得活潑、愛思考、愛觀察和溝通。能否把要領告訴我們？」

老師簡要地告訴他們說：「重點就在溝通上。把握溝通的要領就有互相啟發的對談，就會帶動生活的興趣與熱情，孕育出孩子的自信和自尊。」

「孩子從父母那兒學來的是對情感、責任和學習的態度；長大後從老師那兒學的，大部分是智慧和知識。如果能在上學以前就培養他們好學，喜歡觀察、歸納和解決問題的能力，那麼他們將來將會是一位成功的學習者。父母在日常生活中，若能帶領孩子關心別人，負起責任，做個對人事物有興致的人，他的生活就不會寂寞，從而發展出好奇心、同理心和創造力。但這一切都要從溝通做起。」老師繼續說。

朋友問：「如何溝通孩子才會聽話？」

「溝通的目的不是要孩子聽自己的話，而是彼此聽懂對方的話，形成瞭解、啟發、互愛和良好的默契。」

「不聽話怎麼辦？」朋友又問。

「那表示互動和溝通的管道出了問題。」

……

約莫一個小時，大家到了山上，兩個孩子的脖子上各戴著以紅黃鮮豔樹葉串起的花環。他們正把剛剛看過的小動物歸類，並且用相互溝通出來的規則整理，而不是依照現有的學名做分類。他們正在創造思考，運用他們的方法解決問題，而且沈醉在自己的思考和興趣之中，專注地商量和溝通。

父母和孩子的溝通有以下幾個原則：

1. 聽對方說話。聆聽才能瞭解對方，也表示尊重對方。
2. 等對方說完了，再說自己的意見，溝通就不會打結。
3. 避免訓斥對方，因為那無異是在壓抑溝通的順利進行。
4. 不說氣話。意見不同時，要透過討論，尋找共同認可的答案。
5. 支持並重視對方的自尊，溝通才會持續下去。
6. 把握時間。冗長的說話會使溝通變得困難。

這幾個原則，是和孩子們成功溝通的重點。做父母的必須面對事實，做觀察、思考和歸納，才能得到一些答案。不管答案如何，朝這個方向努力的人至少學到了面對事實的態度和興趣，而這對年輕夫妻也學會了與子女溝通的技巧。

# 父母雙方在教育上要達成共識

## 父母雙方針對教養理念需事先討論，並達成共識。

一位母親答應孩子周末到同學家玩耍。孩子正要出門時，父親怒斥道：「孩子就是被你寵壞的！」他氣衝衝地說：「縱容孩子，像五腳狗一樣，經常到別人家串門子，簡直就是沒教養。」

孩子被父親的盛怒給嚇壞了，不知道該怎麼辦，他又害怕，又擔心失約，最後只好躲在書房裡哭泣。

又有一個孩子，因為功課沒有按規定做好，被爸爸責備。母親反對父親的嚴厲：「你不要對孩子那麼凶嘛！有話好好說不行嗎？」母親七分袒護、三分指責，惹得父親聲色俱厲斥責孩子：「我凶什麼，下一次再這樣，我揍你！」

孩子處於父親的威嚇和母親的維護之間，眼眶噙著淚水，心裡頭卻充斥著矛盾和困惑。

父母親關愛小孩，常因意見不同，性子一急，就吵了起來。有時各執己見，孩子莫衷一是；有時一方應允認可的事，另一方卻強烈指責、予以否決。孩子就在父母的爭吵中，猶豫不決，造成心理不安和困擾。

父母親管教子女難免會有意見相左的時候，然而雙方只需稍稍克制，不要操之過急，就能避免不利於孩子心智成長的困境。

以下是給父母雙方一些達成教育共識的建議：

1. 夫妻雙方需挪出時間來多談談教養子女的觀念。最好是一起閱讀教養子女的書籍，經過討論，並運用於生活中從中再學習、協商、研究，最後達成共識。

2. 避免用自己的成見教導孩子，更要避免把自己憤怒的情緒和惡劣的心情發洩在孩子的身上，形成不當的管教。而不當的管教又往往是引發父母衝突的重要原因。

3. 絕對避免拿孩子當夫妻衝突的武器或方式。這將對孩子造成創傷，形成其非理性行為。

4. 要預防孩子利用雙方意見不同這個漏洞，滿足他的需索，破壞生活紀律，造成行為上的偏差。

5. 要避免在孩子面前爭吵。

父母因管教態度不同，而經常起摩擦的家庭，不但孩子的生活紀律培養不起來，而且會因心理創傷而影響其人格的正常發展。夾在父母衝突隙縫中的孩子，不但缺乏安全感，在人際關係上也會有較多的問題。

夫妻的感情和睦，管教孩子時的意見有所不同時，衝突的機會也會較少。因此婚姻狀況好，是管教子女成功的要件。

父母管教孩子的態度要一致，使用的方法應顧及孩子心智成長的需要。用耐心去換取合理一致的管教，就能培養出活潑、懂事、聰慧的孩子。

# 該如何才能不被孩子激怒

親子間陷入互相激怒的拉鋸戰，無益於管教。

一位年輕的媽媽，在辦公室裡辛苦了一整天，又在交通擁擠的回家路上飽受塞車之苦。她好不容易踏進家門，看到兩個孩子把玩具散落一地，開著電視機看得目不轉睛。

年輕的媽媽一時按捺不住，提高嗓門憤怒地對孩子大吼大嚷：「你們真該死，把家裡弄得像狗窩一樣！」她把玩具踢到一邊，衝過去把電視機猛力關掉。霎時，三個人都怒目相視。

「你才該死！我恨你，你死掉好了！」孩子也怒喊著。

「你再說一次！」媽媽逼視著孩子。

「我恨你！」

說時遲那時快，媽媽應聲賞給孩子兩記耳光。這是陷入互相激怒的漩渦，而不是教育孩子。它破壞了親子間的關係，做了錯誤的示範，也導致孩子心理的創痛。當心不要被你的孩子激怒！

你在被激怒的情況之下，會說出傷害孩子的話，甚至動手體罰他，這時對孩子所造成的創傷，可能久久都難以撫平。

很多偏差行為的青少年，都有這種經驗：父母非理性的示範，導致他們非理性的行為。

父母要嚴防這種意外發生，它是一種災難，而不是生活的常軌。如果你曾有過這種失控的行為，希望能亡羊補牢，避免再發生。

父母免不了會被孩子激怒，當怒氣初起時，你不要被它拖著走，要注意自我控制。

1. 先離開令你憤怒的環境一下，可以先去換個輕便的衣服、洗把臉，再出來處理。

2. 不是批評和抨擊孩子，而是把事情說清楚，說出自己的感受。例如：「家裡這麼亂，我覺得很不舒服」「你沒有做功課，讓我很擔心」……而不是貶抑孩子「你該死」「你這窩囊廢」……

3. 說話要簡短而清楚，不囉嗦。

4. 只針對目前單一的事件說話，而不是擴大推論。例如：「你總是不聽話」「我早知道，你這沒出息的東西」……

5. 坐下來，把要告訴孩子的事先整理一下寫出來。讓你的大腦發揮影響力，等寫下要說的事情後，怒氣已消除一大半。

6. 當你無可避免要對孩子發脾氣時，切忌傷害孩子的自尊。而在發完脾氣之後，要冷靜下來，儘快恢復親子間相親相愛的時光。

當你被孩子激怒時，以上的方法可供你度過危機。不過，你還是要想想激怒你的這件事到底有多重要？它是偶然發生，或者經常發生？如果是重要的，你就得冷靜下來教他；如果並不重要，那麼值得你大發雷霆，造成彼此的困擾嗎？

# 如何提防錯待孩子

父母錯誤的對待會使孩子茫然，無所適從。

一位母親對女兒說：「春節期間，家裡有很多食物，為了節制嘴饞，我們把零食收好，不要放在隨手拿得到的地方，這有助於自制、減輕體重。」在一旁的父親卻說：「過年就是要吃東西的，吃點應景的食物，有啥關係，別聽你老媽的，吃吧！」這會讓只是一個小學年紀的孩子造成困惑。

一位父親帶著兩個孩子，在過年期間燃放鞭炮——他們在市郊的樹林子裡玩得很高興。路人說：「放沖天炮容易引來森林大火。」這位爸爸卻護短說：「不會啦！怎麼會燒起來呢？」他自己又點了幾支。我看著他的孩子一臉茫然，陷入正確與執拗的交戰。

一位母親非常重視女兒的教育，要求孩子學習許多才藝，且非常重視其表現和作品。只要孩子做得好、表現傑出、考了高分，她就喜形於色、讚美孩子；但當孩子表現不如她的理想時，就沒什麼值得她稱讚的了。這孩子在小學六年級時開始厭學，對於原先有興趣的事物，也變得索然無味。

大人對待孩子，若抱著隨興或任性的態度，往往會造成使用不當的方式對待孩子，種下以後許多教養上的難題；嚴重的話，還會造成行為偏差，惹來許多麻煩。

父母一時的隨興和任性，可能在教育子女上產生危機！孩子因父母的意見不同而不安，或者就因此而在節食計劃上前功盡棄，更嚴重的是孩子莫衷一是的茫然和無奈。

父母有時候免不了會品評孩子的作品，對於他的圖畫、美勞作品、彈琴、寫作、演講等表現，要注意的是他做了什麼，而不是他做得有多好。前者引導你對他所做的一切產生鑑賞，後者將牽引你對其表現做出批評。

大部分的家長對孩子的態度和心情，是隨著學習成績而起伏的，那是因為他只求好、只看成績，而未看孩子所做的努力，以致疏忽孩子傑出或特別的表現。

成績只是一個總評，而仔細去看孩子的表現，卻能鑑賞出他的努力、特色和值得珍惜的創意。找出孩子的優點，欣賞他，鼓勵他克服所面臨的困難，才是正確之道。

孩子生病或在運動場上受了傷，往往令父母焦灼不安，於是便同情他，給他許多額外的方便。在孩子面前，對事實做過度的渲染，孩子反而會變得軟弱不振。孩子是看大人的反應來估計自己受傷程度的，當孩子受到重創時，如果大人表現出「這是無可彌補的傷痛！」的表情，孩子的心理重創會更加深。

對待孩子要從孩子的角度去看，要實事求是。我們既須在日常生活中訓練他的生活規範，也要培養孩子的自信心和自尊心；既須注意他的成績，更要欣賞他的努力和優點。當然，孩子難免會有病痛和挫敗。這個時候，你應該關心他，而不是一味的同情，否則將會使孩子變成一個一蹶不振懦弱的人。

# 抱緊那個愛你的孩子

父母必須在開發孩子智力的同時，
也注重孩子的心理健康。
請記住，要抱著厚望去教育孩子，
而不是抱著慾望或野心，這樣才能把孩子教好。

# Part 4

## 讓孩子懂得愛

Give That Kid A Hug

# 遠離膽怯

膽怯的孩子其意志力大都較為脆弱，父母應放手讓他們自己去做，並有意識地培養孩子克服困難的能力。

現在要你用幾句話來描述你的孩子，你想到的是什麼？是孩子的可愛，還是頑皮、不聽話？相信每位父母對於孩子的成長，必然都有一番甘苦參半的深刻體會。那麼你的孩子要怎樣才能算是一個優秀的人呢？孩子具有定向成功的素質嗎？

美國心理學家曾經對一百五十名很有成就的人之性格進行過研究，發現他們都具有以下三種優秀的特質：一是性格上具有堅韌性；二是善於為實現自己的目標，不斷的累積成就；三是自信，不自卑。可見，堅強的性格對人生的成功十分重要。

那麼父母們應該怎樣培養孩子堅強的性格呢？

一、制訂目標，樹立榜樣

父母應該根據孩子的年齡特點，為其制訂短期和長期兩種目標。短期目標要具體明確，讓他明白只要努力，一定會達到。而長期目標要定得高、遠，最好有具體的榜樣，這樣對於孩子來說，會更容易理解接受，以促使他為之努力。當孩子心中有了明確的目標，他們就會為實現目標而去努力，表現得堅毅、頑強和勇敢。

二、給孩子自由的空間

孩子成長的過程中總會經歷失敗，因此他們需要父母給予他不斷嘗試的機會。所以要盡可能地讓孩子獨立活動。在活動中，孩子會遇到不同的困難和障礙，讓他自己去解決。當他達到最終的目標時，會覺得一切得之不易，從而獲得一份與眾不同的成就感。他會因此而驕傲，增強克服困難的勇氣和不達目的不甘休的決心。

三、讓孩子面對挫折

堅強的意志力不是天生的，而是在困難中磨練出來的。父母要讓孩子從小就認識到挫折是不可避免的，更要讓孩子學會憑藉堅強的意志力去戰勝它。

四、鼓勵自我訓練

自我克制、自我命令、自我鼓勵都是鍛鍊意志力的方法。父母可以教孩子在長跑的艱難時刻，給自己下命令：「堅持到底」「再堅持一下」等。萬事只要能夠堅持一個「韌」字，就能夠成功，而且應該讓孩子早點明白這一點。

五、適時的鼓勵與讚美

讚美可以提升孩子的自信心，有利於意志力的鍛鍊。特別是對幼兒，父母要注意他們在活動中透過努力表現出來的點滴進步，適時、適度的給予肯定和讚賞。溫柔的微笑，友好的合作，對於孩子都是鼓舞，都會使他們進步。

當然，對於不同性格的孩子，鼓勵的辦法也會有所不同。一般來說，膽怯的孩子其意志力大都較為脆弱，父母就更應放手讓他自己去做，積極鼓勵，有意識地培養孩子克服困難的能力。而對於天性活潑、好表現自己的孩子，則要多指點，多約束，給他創造「逆境」，多設障礙，以磨練孩子克服困難的毅力。

研究發現：缺乏鼓勵的孩子就會缺乏前進的原動力。因此我們應該重視鼓勵，透過適當的鼓勵達到培養孩子的自尊與自信。

那麼在日常生活中，即使是對於孩子的錯誤行為，雖然應該適當的批評，但是更需要給予正面的肯定，以期孩子能從這種正面的鼓勵當中，從錯誤走向成功。在和孩子說話的時候，應該多使用具體描述式的語句，而少用含糊不清的語句。例如：鼓勵孩子「你好乖」，不如集中焦點，「你會自己疊被子，好棒！」另外，不要採用討好式的鼓勵，而應出自真正的關心，孩子才能當之無愧。

總之，即使懂得鼓勵多於批評的道理，但是該怎麼用、在何時用最恰當的詞語進行鼓勵，該如何拿捏分寸，對父母的確是一個值得長期琢磨的問題。

六、勇氣是成功的一半

一名十九歲的射箭運動員去向教練請教訣竅，說她已經具備奧運會金牌選手之全部技巧，但卻從沒有將實力發揮出來。於是教練給她四支箭，指示她射向對面的靶子。

她忽然神態變得緊張起來，望著教練問道：「倘若射偏了怎麼辦？」她的緊張神態表明：原來她所擔憂的是如何免於失敗的尷尬，而沒有把觀念聚焦到如何去取得勝利。

英國已故首相邱吉爾是在一個充滿鼓勵的環境下長大的。他從來不認為錯誤是可怕的東西，如果他做的事是錯誤的，他只是仔細地把問題想一遍，找出錯在哪裡以便將來做得更好。

有人曾經問他：「邱吉爾先生，你在學校裡學到的所有經驗中，哪一項是最有效的？如何培養你成為一個將英國從最黑暗的時刻引向光明的人？」

邱吉爾想了一分鐘，然後說：「是我在高中留級的那兩年。」

「你是不是考試失敗了？」

「沒有，我只是發現了殊途同歸的原則。英國所需要的不光是聰明和智慧，而是在最困難的時期，能夠堅持下去的勇氣。」

邱吉爾以下的這段話可謂至理名言。「成功者之所思是如何取得成功；失敗者之所慮是如何免於失敗。」這是一位成功人士總結出來的經驗。

其實，當我們鼓勵孩子們努力去探索各種不同的可能性時，與其說是指導他們成功，不如說是正在培養他們從失敗的經驗中學習和尋找正確的出路。

七、善待自責

有的兒童心理壓力很大，常常過度自責。孩子過度自責會壓抑他們的發展能力，扼殺他們的創造性，撲滅他們天真的天性，降低自尊和自信，造成心理上的不平衡。心理學家研究認為，兒童心理上長期的不平衡狀態，常常會對孩子身心健康造成很大的傷害。

父母如果發現孩子過度自責，就應該及時調整對孩子的期望和要求，中止各種偏激的、有悖情理的「高標準、嚴要求」。很多父母常常把自己沒有實現的理想寄託在孩子身上，希望孩子來完成父母的使命。這是一種不正常的心態，應該及時改正。

為了防止孩子過度自責，可以採用以下的方法：

1．父母應該學會透過評量孩子努力的過程來肯定孩子，充分的肯定孩子在學習或活動過程中，所付出的艱辛和取得的進步。對於處在發展過程中的孩子來說，過程比結果更重要。

2．父母應該清楚，結果的好壞受到很多因素的制約，而努力的過程卻能充分反映出孩子的意志力、品德、合作精神、聰明智慧等多方面的優點。

3．父母對這些在過程中表現出來的優點，要給予充分肯定和讚賞，一般來說，這會大大地增強孩子的自信心和自尊心。

4．父母雙方的意見要一致，給孩子創造一個安定、和睦的家庭氣氛，讓孩子感受到家庭生活的溫暖，並減輕心理的壓力。這樣，就自然能夠防止和克服孩子過度自責了。

## 八、培養孩子的自尊心

除此以外，父母還可以結合日常生活，讓孩子懂得愛別人的道理。例如：客人來了，父母應該把孩子介紹給客人，並簡單地介紹一下孩子的學習、生活情況。得到客人的鼓勵，孩子的自尊心和虛榮心得到了滿足，自然就會很聽話。

這時，請孩子到別處去玩，孩子就會樂於接受。要注意的是，客人走時千萬不要忘了和小主人告別，否則孩子會認為你們把他忘記了。應該把他當成像大人一樣尊重，走時再表揚一番，孩子以後就會更聽話了。

當然，父母在平時要對孩子寬嚴適度。過於嚴厲會使孩子沒有一點輕鬆和自由的感覺，一旦客人來訪，父母放鬆對孩子的管束，孩子便「瘋」起來，在客人到來時會為所欲為而表現出不禮貌的言行。

總之，父母只要講究教養藝術，做到耐心細心，對孩子的不良行為有規劃性地進行引導矯正和教育，就能收到理想的效果。

# 培養孩子的信心

只有孩子對自己充滿了信心，父母才能培養出優秀的人才。

一位憂心忡忡的母親來向老師請教問題，說她讀五年級的孩子成績越來越不好。後來老師找來那位學生來談話，孩子開口閉口都是「都是我記憶力不好」。

老師感到很奇怪，便去問他母親——原來是他母親經常在別人面前謙虛的說「這孩子記憶力不好」。這位母親雖然只是在別人的面前謙虛兩句，殊不知孩子卻聽在耳裡、記在心頭，還誤以為是父母對自己真正的評價。於是，他不知不覺的就接受了這種負面暗示，從而腦筋就變差了。

這件事情說明：負面的評語會打擊到孩子的自信心，他就可能因此自暴自棄，真的變成笨孩子甚至壞孩子了。

人們在心裡總認為自己的孩子是最聰明。但是在表面上，東方與西方的父母的做法卻大相徑庭：西方的父母在聽到別人鼓勵孩子的時候一般會說「謝謝」；中國的父母在聽到別人鼓勵孩子的時候，回答卻往往是「沒有啦」「哪裡，我那孩子不行」「唉！他功課糟透了」……

即使父母心裡認為自己的孩子真的很優秀，也許是因為中國人受到「謙虛即是美德」這條古訓的影響太深吧！

其實這樣做是一件非常錯誤的事情，如果父母經常說「我家孩子糟透了」一類的話，孩子就會真的有可能變得遲鈍起來。

心理學研究認為，這種「說你行，你就行；說不行，就不行」的現象，其原因就是孩子長期受到這些話語的影響，就會在心理上形成正面或者負面的自我意象，久而久之，就會固化成為他們的行為特點了。

另一方面的原因就是：負面的話語打擊了孩子的自尊心。

許多父母不瞭解孩子的自尊心，往往對他們的一點過失，就訓斥「蠢豬」或「笨蛋」。孩子們認為這是對他們的最大侮辱。調查資料顯示：大多數的孩子都認為如果考試成績差、留級或被老師叫到辦公室訓斥一頓而受到同學嘲笑，這是對他們自尊心最大的打擊。

那麼，孩子的自信心從何而來？答案是源自於父母的支持與鼓勵。

「自信」是信心的基礎。沒有自信就談不上信心。透過有效的鼓勵可以很容易的培養出孩子的自信心。

自信其實也很簡單，就是自己相信自己，無論大人還是孩子，無論做什麼事情，對自己缺乏自信，必然一事無成。反過來，一個人如果對自己充滿自信，對工作信心十足，那麼他無論做什麼事情，都會百折不撓。

美國的父母尊重自己的孩子，不僅僅是因為孩子的年齡小，需要父母的關心、愛護和栽培，最主要是美國的父母認為：孩子只要一來到這個世界，就是一個獨立的個體；他們有自己的獨立意願和個性；他們理所當然應該受到足夠的尊重，無論父母還是老師，都沒有任何特權去支配或限制他們的行為。特別是孩子，在以後的成長中，在絕大多數的情況下，父母和老師都不能代替他們對行為進行抉擇。

所以，美國的父母認為：從小就要讓孩子感到自己是自己的主人。

美國特別講究對孩子說話的語氣和方法，孩子同大人講話不但要認真聽，而且有時大人要蹲下來和孩子對話，使孩子感到你在尊重他，並可避免他有「低人一等」的感覺。孩子吃飯時不能硬逼；孩子做錯了事不得妄加訓斥；要孩子換衣服也不可以用命令的口吻，否則，會給孩子的心理上留下自卑的陰影。

父母帶孩子外出做客，主人如果拿出食物給孩子，美國人最忌諱代替孩子回答「他不要」之類的話，也不會在孩子表示出想吃的時候對孩子喝斥。

美國的父母通常認為，孩子想要什麼或是想看什麼，本身並沒有錯，因為孩子有這個需要，任何人都沒有理由來指責，只能根據情況適時適當地做出解釋和說明，更不允許自己當著人前斥責孩子「不爭氣」「笨蛋」「沒出息」等話，因為這會深深傷害孩子的自尊心。

也許很多中國人會認為美國的父母對孩子的尊重是否太過頭了，但事實證明，受到父母良好尊重的美國孩子與父母之間大多相處得非常融洽也懂得彼此間的尊重，他們待人友善，懂禮貌，和大人談話沒有一點侷促感，自我獨立意識強。兒童心理學家認為，這些都是美國的孩子們受到應有尊重的良好反應。

望子成龍的父母們應該從美國的父母身上，多學習一些教養的方法，特別是鼓勵孩子走向自信這一點上。

# 瞭解你的孩子

教育孩子的前提是瞭解孩子，瞭解孩子的前提是尊重孩子，沒有尊重和瞭解，就沒有教育。

一個德、智、體、群、美全面發展的好學生，在母親眼中卻「幾乎沒有優點」，原因只有一個：「考試成績不是前三名，其他再好也沒用。」

有一個學生從小酷愛製作各種模型，父母卻認為「這是不務正業，把書讀好才是一切」，因此封殺了孩子的愛好。

還有一個學生在老師要求用「聞」字造句的時候寫到：「我還沒走到廁所，就聞到臭味。」令人感到悲哀的是，他的父親居然非常生氣，大罵孩子從小「頭腦簡單」。這個父親看不到孩子的優點，卻給孩子增加了很大的心理壓力。

上述種種貶低孩子的現象簡直是不勝枚舉。可見，要教育好孩子，得先轉變某些父母的觀念。

從事幼兒教育多年的老師們普遍反映：目前學齡前的教育中，最明顯的問題是父母們望子成龍心切。父母對孩子的期望值大大超過孩子所能承受的能力，結果看不到孩子的優點，一味地執行高壓教育。

這樣的教育方式，是因為父母們普遍存在的功利主義及目光短淺造成的。絕大部分父母並未明白成才先要成人的道理，也就是說，父母並沒有明白，孩子要想在社會上做一個成功的人，必須先做一個勤勞、正直、自信的人這個道理。

許多父母的做法是會適得其反的，因為他們的做法抹殺了孩子的自尊和自信，最終會嚴重影響孩子的健康成長。目前幼兒成長教育中的一大盲點就是不善於發現孩子的優點。這不僅應該引起父母們的反思，也應該引起學校老師和學齡前教育工作者的重視。

其實，孩子的許多「缺點」正是孩子與眾不同之處，正是他們勇於創新的表現，正是他們個性上的光輝。所以，值得反思的不僅是父母，因為在許多學校，老師依然把學習成績當成評價孩子的唯一標準，少數老師不僅缺乏發現孩子優點的眼睛，有時還隨意傷害孩子的自尊心。

孩子在成長的過程中，特別希望得到老師、父母的表揚，一句鼓勵的話語、一雙關注的目光也許就能改變孩子的一生。

當然，鼓勵應是具體的、適度的、絕不過分的。不適當的鼓勵會使孩子不能以最大的限度去認識到自己的全部能力。過分的鼓勵還會使孩子失去冒險的勇氣。父母如果對孩子所做的每一件事都說「了不起」「好極了」或「沒有人比得上你」，也就不存在什麼出類拔萃，如果父母用一次審慎的表揚，比如說：「做得很好、很仔細」，就會使受表揚的孩子感到自己確實做得很不錯，促使他向更高一個層次邁進。

鼓勵孩子的正確方法，不外乎以下幾個方面：

一、不能太濫用

美國佛羅里達大學的一項研究顯示：習慣於接受表揚的學生較缺乏創造性，在競爭面前也容易很快就敗下陣來。他們的努力往往是為了要受表揚而不是為了滿足學習的需要。相反的，受鼓勵較少的學生則能獨立地學習，面臨挑戰也能頑強應戰。他們都習慣逆水行舟。

二、由衷而真實

父母應該知道，鼓勵孩子是最好的讚美，但鼓勵必須由衷，而且要真實。研究發現，在鼓勵中成長的孩子會充滿自信，如果虛偽地鼓勵孩子，很可能就產生相反效果，會使孩子對真與假、好與壞無法分辨，使孩子學會了虛偽。

三、避免說失敗的往事

在鼓勵孩子時，父母千萬要注意不要特別提及使孩子失敗的事，而要透過談論幸福的回憶和成就來增強孩子的信心。因為常提起失敗的往事，會降低孩子的信心，以致於使孩子喪失自尊心，使孩子不能發揮獨創性思考，也就很難取得成就感。

四、具體而適度

具體而適度的鼓勵，必須注意在孩子所做的各種努力中找出一些事實來加以表揚，表揚細微之處是使各種年齡的孩子提升技能的關鍵。當孩子去做一件很難完成的事時，父母也應該鼓勵孩子，告訴他努力的過程比結果更為重要。

因為孩子建立自尊的過程是長期的，幼年期的任何事，比如從學會上廁所、自己吃飯、自己決定事情等等都會影響到孩子能否形成這種自尊。當孩子發展這些技能的時候，父母要注意這些過程中的每一個進步。孩子開始學寫自己的名字，學會背誦一首詩等一些小事，父母都可以記下來，比如記錄在屬於他自己的成長日記上等。

父母還應該經常關心並和孩子討論他做的正確之事，比如父母說：「我看見你自己主動做作業，而且克服了困難，完成了二十道題目，你真棒！」

如果父母想要鼓勵孩子，直接讚揚他所做的事情，往往可以收到立竿見影的效果。比如：「我看見你拿了禮物後，向奶奶道謝。你想得真周到、真有禮貌。」「我注意到你把餅乾分給弟弟吃，你是個懂得分寸的好孩子。」「我知道儘管你不想收拾房間，但是還是收拾了。所以我決定帶你去看電影。」……這樣的效果遠比說那些一般的表揚如「你真好」「你真棒」「你是世界上最好的孩子」的效果要好得多。

無論你想要教會孩子什麼，都應該先示範一下並且給予口頭上的指引，讓他們清楚地知道你所期望的目標。如「現在應該把積木收到盒子裡。我們一起來收吧！」事情做好了，你應該說：「謝謝你幫我的忙。」

引導孩子向目標努力並且不讓他感到有壓力是很重要的。當然，當你看到孩子學會上廁所是很開心的，但是如果他偶爾一次尿濕了衣褲，你就沒有必要罵他，千萬不能讓他造成一種印象是「你不愛他了」，哪怕只是一會兒時間，對孩子的影響也是很大的。

# 多和孩子說話

如果希望孩子長大成人後做個思維清晰的成功人士，父母從小就應該要對他們進行語言環境的薰陶。

人們通常都明白做任何事情都有一個學習的過程。但是人們在家庭教育這件事情上，卻存在一種顯而易見的誤解：認為教孩子是無師自通的事情。這是很不正常的，也是極為有害的，因為為人父母實際上是一件「活到老，學到老」的藝術，特別是希望做一個合格父母的人，更應該下一番功夫。單說一件人人都認為輕而易舉的事：怎樣和孩子說話，其中的學問就不少，甚至可以說做父母的第一步就是學會怎樣得體地說話。

父母說話的方式對孩子的習慣、思維和說話方式產生著很大的影響。孩子學會說話基本是透過模仿父母，而孩子的思維則是透過聽到其他人表達的觀念而逐漸形成的。因此，父母的語言對孩子的影響是很重要的，孩子越小，這種作用越大，這一點，父母務必要特別重視。

父母對孩子說話時應該注意以下幾個方面：

一、使用完整的句子

儘量對孩子說完整的句子，而且儘量不要使用替代詞，而要使用表示具體事物的名詞，例如說「把它撿起來」，不如說「孩子，把書從地上撿起來」；把「餓了嗎」變成「孩子，你餓嗎」。這樣做，孩子就能聽到更多完整的詞語，他們就會逐漸地學會使用這些詞語，再加上經常重複，孩子很快就學會使用了。

很多父母總是習慣使用單詞或短句來替代跟孩子說的話，於是孩子也就模仿父母重複著同樣的語言，這對孩子的思維能力和語言能力的啟發是不利的。

當然，使用單獨詞句的階段是孩子學習語言必須經過的階段，但並不意味著父母要說大量短句或省略句子。人們通常有這樣的誤解，認為對孩子說長句子或完整的句子，孩子會聽不懂。實際上，這種認知是不正確的。最新科學證明，孩子的聽覺能力和理解能力是很強的，只是他們有一種嘴巴不說心裡明瞭的情況：就像很多內容孩子都是可以聽明白的，只是無法用語言來回應對方。

二、增加與孩子語言交談的次數

語言的訓練確實影響思維的發展。心理學家發現：在學齡前期，讓兩個孩子接受不同的交流形式和不同的學習刺激，他們就產生了不同的智力和言語能力。例如，孩子的辭彙量是由和他交談的次數所決定的。交談的次數越多，孩子掌握的辭彙也會越多。如果你經常與孩子交談：到兩歲時，他就能掌握豐富的辭彙；兩歲半時，他就可以進行正常的交談了。一個好的「言語模式」是孩子學習語言的重要方式。

另一方面，讚揚孩子為學習所付出的努力，並溫和地糾正孩子的錯誤用辭，會對孩子的語言學習有極大的幫助。所以如果父母因為事務太忙而無暇與孩子多做交談，或自己經常說一些不符合語法規範的用辭，並且對幫助孩子發展語言又不感興趣，那麼往往會使孩子在掌握語言技巧方面面臨較大的困難。

如果父母長期堅持對孩子說完整的句子，孩子一旦學會說話的時候，就會很快說出完整的甚至長的句子來。父母應該充分的儘早意識到這一點，並且對孩子進行有效的訓練。就憑這一點，就可以有效地開發孩子的潛能和智力。

三、重複重要的詞語

當父母和孩子一起學習詞語的時候，重複是很重要的。

孩子使用的詞語越多，學會閱讀就越容易。如果父母向孩子說很多詞語，你就會很快發現孩子會使用大量的單詞。父母是孩子第一位且最重要的老師，你是孩子最先選擇的模仿對象，你的思維和說話方式影響孩子至深。在很大的程度上，孩子的未來發展是由父母的啟蒙而定。

許多父母都知道運動可以使孩子的身體健康，也知道孩子的潛能和智力是開發的重點，可是苦於找不到最有效的方法。其實有一樣「得來全不費功夫」的辦法：跟孩子說完整的話。這就是一種鍛鍊孩子大腦的好方法，它可以使大腦更加靈敏和增加創造力。這是孩子走向成功的重要步驟，父母千萬不要小看這一點。

我們知道，任何句子的組成都是經過思考的，可是思考是一個什麼樣的過程，最好的方法就是透過語言進行觀察。單詞組織在一起的方式，實際上是如何把我們的觀念放進一個位置的最佳方式。因此，教會孩子說話，是一個至關重要的問題。

孩子的思維能力是否優秀，與他們小時候所接受的語言薰陶息息相關。如果期望孩子長大成人後做個精明和思維清晰的思想家，父母從小就應該對他們進行語言環境的薰陶。所以年輕父母要改變上一代留下的習慣。開發孩子潛能和智力要從練習說話開始，對自己的孩子說話不能再圖簡單省事。

四、讓孩子「說真話」，培養正義感

俗話說「孩子比成人離真理近」，意思是說孩子天生是不會撒謊的，但是它的前提是孩子必須處於一個他能說話的環境中，這樣他長大以後才能成為一個具有正義感的人。

在孩子的成長過程中，有一個能保護和培養孩子說真話的環境，孩子就會自然而然地養成說真話的好習慣，長大後必定會成為一個很正派、很真誠的人，會受到人們的歡迎和尊敬。因為只有一個說真話，相信別人的人，對生活才會有信心，才會問心無愧地去面對各種事情，也才會得到別人的信任和理解。

為人父母者，一定先要自己說真話，為孩子做出榜樣。無論在什麼情況下，父母都不能撒謊、不作假，有一說一、說到做到。父母要讓孩子看到爸爸媽媽是怎樣做的，並要讓孩子懂得為什麼不能撒謊說假話。有些父母在孩子不高興的時候，或是在自己很高興的時候，常常會「哄」孩子，給孩子開空殼支票，許下一些並不準備兌現的諾言。這樣，父母很容易在孩子的心裡留下「爸爸媽媽說話不算數」的壞印象，從而使家庭教育失去基礎——不被孩子信任的父母，是沒有辦法教好孩子的。

只有孩子說真話，父母才能知道他們究竟在想什麼，從而適時地給予孩子鼓勵、引導、幫助和勸阻。要是孩子說謊話成了習慣，孩子的行為就會變成當面一套，背後一套，很容易走上錯誤、做壞事甚至犯罪違法的人生道路。所以，為人父母者，一定要教育孩子不能撒謊、要說真話。

父母是孩子最信得過的人，孩子聽到什麼事情或是想到什麼東西，都統統會告訴爸爸媽媽。這時，不要管孩子說的是什麼，父母都要認真、耐心的聽完，就算是有些地方說錯了，甚至使父母不愉快，父母也不要吹鬍子瞪眼的發脾氣，而要親切地跟孩子溝通討論，說自己的心裡話，而不要應付、含糊帶過。如果孩子因為說真話在外面吃了虧，父母應想辦法幫助孩子解決難題，明確表示支持孩子講真話，鼓勵孩子做一個誠實的人。總之，不論在何時何地都要鼓勵孩子說真話。

五、不要「逼」孩子說謊話

有些父母對孩子期望值過高，稍有不滿意，即加以訓斥。這簡直是把孩子「逼上」滿口謊言的歧路上去了。

在遭到父母無理教訓的情況下，孩子為了逃避處罰，往往會把一些真實的東西隱藏起來，而以謊話、假情況、假消息來應付父母，報喜不報憂。所以，父母對孩子的要求一定要適當，即使孩子確實因自己的原因出了差錯，比如學習成績不好、和人打架、亂花錢、不守紀律等，父母也要心平氣和地跟孩子講道理，而不能以泰山壓頂的方式粗暴地逼迫孩子，因為「高壓」只會帶來虛假。

人的一生都是在真與假的鬥爭中渡過的，做父母的要認真引導孩子從小說真話，並一步步養成說真話的好習慣。這種習慣一旦養成，就會變成一股無形的精神力量，變成一種做人的宗旨。這樣的孩子將來才會有出息、才是最有希望的。

# 說話要得體

責備孩子要講究方法，並且和鼓勵結合起來，要講究和孩子談話的語氣和態度。

當母親正在打電話時，孩子總是在旁邊吵鬧，不同的母親會產生不同的反應。

第一個母親以粗暴的口吻對孩子大喊「別吵啦」，於是孩子被嚇得閉住嘴。

第二個母親則是這樣對孩子說：「我現在正在打電話，請安靜幾分鐘。」孩子便乖乖地在旁邊聽母親打電話。

很顯然，不同的方式會引起不同的結果：第一個母親的孩子學會了對粗魯命令的服從，產生了對母親的恐懼；而第二個母親的孩子則學會了理解和遵守這兩個原則，即在他人打電話時必須保持安靜，必須與他人合作。

父母與孩子說話的方式，會深深影響孩子從周圍環境中學習的方法和內容。

美國斯坦福大學心理學和教育學教授羅伯特・赫斯博士認為：家庭的語言環境可以直接影響孩子的思維能力。如果僅僅要求孩子「別吵啦」的單一命令，不太可能使孩子把他的行為與正在發生的事情聯繫起來。相反，一個比較完整的口頭請求則能鼓勵孩子去思考自己的行為，並將其行為與周圍的人和事進行聯繫。因此，第二個母親的孩子在以後遇到類似的情況時，就會以更成熟理性的方式去應對。

良好的語言溝通能幫助孩子適時地表達自己的感受和需要。當孩子想說什麼但是找不到合適的詞語去表達時，父母應該積極提示，讓孩子儘快掌握更多的辭彙。孩子一旦發現自己能夠與父母或其他人進行有效的溝通時，他們會感到很高興的。

孩子愉悅的心情對大腦的發育是有利的。在嬰幼兒時期，如果經常對孩子發怒，就會嚴重影響孩子智力的正常發展，其後果是很嚴重的。

孩子之所以發怒，很多時候是因為他們不能有效地與父母或褓姆進行溝通對談，缺乏表達對自己需要的語言能力。因此，對孩子說話，要儘量避免使用否定性的評價。

父母失誤的、不恰當的語言會對孩子影響至深，其要點如下：

一、命令句

命令句是指那種把孩子當成工具，不管孩子是不是可以接受，一律都以命令性的方式。不少父母不懂得教育方式和兒童心理發展特徵，只知嚴厲。在中國有嚴父慈母的說法，父親有一個代稱叫做「家嚴」。研究報告顯示，父母一味的專橫，小孩子卻不知錯在哪裡，長此以往，孩子會逐漸形成膽小、畏懼、壓抑、內向等個性特徵，這些對孩子的健康成長都是不利的。

二、語意不清

語意不清就是不明確的話，要讓孩子聽清楚父母到底是贊成還是反對。父母對孩子說話應該是非分明。比如帶孩子見熟人或親友，他們一般都會逗逗孩子，鼓勵孩子。

比如說：「這孩子多聰明，就是有點瘦，你們要多鼓勵他吃東西嘛！」有的父母這樣回答說：「我們這孩子很挑食，這不吃那不吃，真拿他沒辦法。」

這句話的言外之意，實際上是對孩子挑食現象的肯定，而所引發的作用是暗示、強化。不要小看孩子，他們可以聽出很多語言表面沒有的意義。

三、玩笑話

不正經的，讓人不好琢磨的話就是玩笑話。

比如有的父母在向別人介紹自己的孩子時說：「這是我家的小皇帝。」這本來可能是一句開玩笑的話，本身沒有什麼特別的意思，可是日子久了，孩子就會順父母的意，逐漸形成任性、粗野、懶惰、不講道理、好吃懶做等不良習性。

四、反話

正話反說，這本來是很有意思的，常常是幽默或者智慧的表現，可是孩子一般都沒有這樣的理解能力，聽不懂父母的反話，因此，對孩子說話，一般都應該正話正說，不要在這個時候對孩子含蓄。

# 爭辯也是一種教育

爭辯能夠幫助孩子變得更加自信、自立。在爭辯的過程中，孩子會感受到自己受到重視，知道怎樣才能貫徹自己的意志力。

台灣的父母由於受千百年傳統觀念的影響，總覺得小孩子見識少、閱歷淺、不成熟，形成了「父母所說的話小孩子都要遵從」的定論。不少父母要孩子「言聽計從」，否則就認為有失父母威信和尊嚴。

德國漢堡心理學家安得利卡．法斯博士，透過多年的研究觀察後證實：隔代人之間的爭辯，對於下一代來說，是走向成人之路的重要一步。能夠和父母進行真正爭辯的孩子，在以後會比較自信，有創造力和合群。

孩子在爭辯的時候，往往是他們最得意的時候。這至少有兩個好處：一是當孩子最來勁、最高興、最認真時，對他們的大腦發育是有好處的；二是這樣可以營造家庭的民主氣氛，增加孩子各方面的能力。這樣的孩子具有很強的交際能力和其他方面的能力，對將來的發展大有好處的。

因此，父母應該樹立一種觀念，要允許孩子爭辯，這不是什麼丟臉的事情。父母認為如果擔心允許孩子爭辯，孩子會不聽話，不尊重父母長輩等，這種想法是不正確的。

當然，讓孩子在爭辯的同時也必須是遵守規則的，也就是說，不允許他們無理取鬧，隨心所欲，而是在講道理的基礎上進行的。如果孩子違反了爭辯規則，父母自然應加以制止。值得提醒的是，父母是規則的制定者，所以在制定規則的時候要從實際的情況出發，合乎孩子的情況，合乎一般的道理，否則，這種爭辯就是不平等的，談不上透過爭辯來鍛鍊孩子。

提倡孩子與父母爭辯，並不是句句話、樣樣事都要爭辯，不是有理無理都爭論不休。爭辯的內容應該是有價值的，也是有範圍和次數的，並且是在心平氣和的氣氛中進行，如果漫無邊際、大事小事都在爭辯，沒完沒了，那就沒有什麼益處了。

總之，父母在要求孩子做事情時，讓孩子明白其中的道理是很重要的。透過爭辯把事情弄明白，孩子就會心悅誠服地去做。很多時候，父母的想法和孩子的想法是有差別的，透過爭辯，父母可以更加地瞭解孩子，有時候還可以對父母產生很好的啟迪。

父母與孩子爭辯，能幫助孩子找到事物的界限，尋求解決處理的正確方法。透過爭辯，孩子能分辨是非曲直，學習一些知識，學會評估自己，瞭解自己的能力，這些都是爭辯的好處。我們積極提倡父母與孩子爭辯，這是因為這樣可以活躍家庭氣氛，溝通親子間的觀念、感情。在觀念溝通的過程中，親情和手足之情會得到深化。

很顯然的，如果一個孩子從不與人爭辯，總是與世無爭，那麼，他的勇氣、智商、口才、進取心、自信心等就值得懷疑了。因此，從某種角度上來說，爭辯是孩子的一門必修課，而這門課最好在家裡進行。在爭辯的過程中，父母要有寬容的心和耐心，去引導孩子學習辯出真理，讓孩子在爭辯中不斷的成長。

# 什麼是對孩子最好的鼓勵

懂得欣賞和分享孩子的學習心得或成果。

一次，知名教師應邀為小學家長演講。座談時，老師順便詢問父母們：「你用什麼話鼓勵自己的孩子？」答案很多樣：「努力用功，做個好孩子，大家就會疼愛你」「好好讀書，有好成績，將來才有好前途」「只要你做得好，媽媽就給你買玩具」「你這張畫，畫得真漂亮」「你的字寫得很工整，我很欣賞」「如果你進步，就發獎學金給你」「你真是個乖孩子」……

這些鼓勵的話，有的空洞：「你真乖」；有的太遙遠：「將來才有好前途」；有些是利誘：「發獎學金、買玩具。」其實這樣的鼓勵效果不大，有時會造成反效果。倒不如你真心的欣賞他的畫作和寫字，更容易鼓舞士氣和建立信心。

欣賞和分享孩子的學習心得或成果，是對孩子最好的鼓勵。你真心的欣賞他的美勞作品，舞蹈的神情，寫作的創意，歌詠時的投注和用心，孩子所得到的認同和鼓勵，自然會引發他的興致，化為主動學習的動力。

你專心聆聽孩子轉述老師所說的故事，欣賞他朗誦一則童話詩作。把工作放下來，看著他，重視他為你講的得意、擔憂、遐思和想像，他得到的是愛的鼓勵，是受到重視和肯定，在童稚的心靈裡，已然茁長出自我肯定的根芽。

你要有懂得欣賞的一對好眼睛，找出孩子值得欣賞的地方，好建立他的信心。有信心又受到欣賞，孩子就會主動學好，勇於表現。如果有需要指正的地方，你要問清楚，透過討論、交談、舉例給他做參考。如果有錯誤，要平心靜氣地指出來。請留意：千萬不要一味地指正缺點，而沒有欣賞他的優點和特色。一味的認為孩子做得正確是應該的人，往往會錯失鼓勵孩子的機會。

# 協助孩子克服膽小與內向

父母必須經常和孩子在一起，充分的與孩子進行感情交流。

大多數的孩子是比較活潑好動、敢說敢為的。但也有為數不少的孩子膽小怕事，平時沈默寡言，不願意跟別人一起活動，沒有同齡孩子那種愛動、貪玩、好奇的特點，他們比較靦腆，說話聲音低微，主動要求少，被動接受多，不敢一個人外出等。

多數父母並不瞭解自己孩子最害怕什麼，遇到事情往往處理不好，影響了孩子健康的成長，甚至影響了孩子的性格和他們的前途。毫無疑問，為人父母有必要瞭解孩子。因為孩子膽小退縮，的確會讓父母放心不下，怕他們受欺負，怕他們得不到平等機會，怕他們將來不能適應社會的激烈競爭等。

以下就是大多數孩子所最懼怕的事情：

一、孤獨一人在家

孩子喜歡人多熱鬧，特別害怕孤獨，他們在這種情況下總是擔心發生什麼可怕的事情。

曾經有過一個極端的案例，有一個小女孩，在出生後的一年多就被父母關在洗手間裡，像動物一樣「飼養」，到十多歲的時候才被人發現。這個孩子的智力發育只相當於一週歲的孩子，連說話都不會。調查發現，現在有些父母擔心孩子外出會不安全，便把孩子關在家裡，孩子因此而感到很孤單，寂寞的心靈讓孩子的成長受到了極大的傷害。這樣的孩子到了幼稚園、小學階段就常常會受到人際關係等方面的問題困擾。

因此，父母必須經常和孩子在一起，充分的與孩子進行感情交流，這就是對孩子的鼓勵和愛護。

二、父母吵架

幾乎所有的孩子都害怕父母吵架、打架。見到這種場面，他們就恐懼得不得了，甚至急得大哭。

美國心理學家赫茲曾經在世界五大洲二十多個國家進行了一次最廣泛的調查，調查對象是八到十四歲的五萬名兒童。赫茲將這些兒童分門別類進行分析，他驚奇地發現：在這麼多國家、這麼多民族中，孩子們對父母的不滿和要求大同小異。

從這次調查中，可以看到孩子們對家庭的經濟狀況和社會地位並不重視，能否使孩子幸福並不取決於家庭的貧富程度，而在於孩子是否感到自己是屬於這個家庭並得到父母的關懷。

家庭是否溫暖，對孩子的學習有著很大的影響，對父母沒有什麼不滿的學生的學習成績比對父母有著極大不滿，以及心裡隱藏著很大痛苦的學生好得多。

三、受了委屈不准哭

許多父母在訓斥或懲罰孩子時，不管對與錯都不准孩子哭，這是很不好的。孩子受到訓斥，特別是受到了不公正的訓斥，只有哭才能發洩心中的「委屈」。孩子有淚不能流，憋在心裡，會造成心理壓抑，嚴重的還會影響心靈健康。

四、父母不聽自己的意見

不少父母總以為自己做的一切都是正確的。一旦孩子有了「過失」，不是先問明原委，而是對孩子妄加指責。這對孩子的自尊心打擊很大，因為不論老少都有自尊心的。

五、考試成績不好

幾乎所有的孩子都怕自己考試成績不好。一方面他們認為這是不光彩的事情，更重要的是害怕父母訓斥。其實，孩子成績不好，有多方面的原因，主觀努力程度、客觀天賦條件、父母家教與老師教學方法、考試試題太難或者太多原因都會影響考試成績。所以，孩子考試成績不理想，父母不要不問青紅皂白就訓斥或打孩子，仔細分析原因，協助找到辦法幫助他們提升才是上策。

孩子膽小與內向的原因主要有以下幾個方面：

一、缺乏與人交往

自從出生以後，任何人都不是生活在真空裡，而是生活在一個複雜的社會關係當中。首先是父親和母親，然後擴大至親友、鄰居和小同伴。孩子在這些活動中逐漸產生了和別人交往的需要，並且在這種過程中形成自我意識。換言之，這是他們走向社會而自身也不斷社會化的過程。

與別的孩子交往是孩子的本能需要之一，因此，如果父母不能滿足孩子這種欲望，整天把他關在家裡，不讓他與周圍的人接觸，那麼他們的社會交往能力就會萎縮，最終將會影響到心理的正常發展。

二、自主性沒有得到發展

心理學研究顯示，孩子從出生八個月到三歲之間，是實現自主性的關鍵時期。在這個時期，孩子學會了走路、說話，生活範圍更加擴大，並且表現出心理的能動性，如喜歡提問、愛模仿、愛玩遊戲，產生了最初的自我意識。在行為上，喜歡爭著去做自己喜歡做的事，而且總是按自己的想法去做，表現得頑皮、不聽話。這些都是自主性發展的表現，也是兒童心理發展過程中的「第一個反抗期」。

孩子是開朗自信還是膽怯懦弱，也是決定於這個時期。

這是孩子獨立意識形成的黃金時間，如果父母不認識這一特點，總是不讓孩子去做一些他們自己能力所及的事情，心疼孩子小，怕孩子做不好，事事代勞，結果就會壓抑孩子自主性的發展，使他懷疑自己的能力，形成膽怯心理。有一句俗話叫做「窮人的孩子早當家」，就是因為貧窮家庭的父母為了衣食奔波，沒有機會來為孩子事事代勞，就避免了孩子形成膽怯心理。

三、父母不恰當的批評

孩子主動擦桌子，由於他們沒有經驗而做不好，父母任意指責，不肯定孩子積極性的一面。這樣也會造成孩子懷疑自己的能力而變得膽怯。

還有一種情況，就是父母對孩子一些生理上的毛病或不良行為習慣不喜歡時，又不從愛護的角度去關心和幫助孩子，而採取責備和取笑的方法，這就會挫傷其自尊心，使他們形成膽怯的心理。

總之，造成孩子膽小怯懦性格的因素是多方面的，主要因素是環境與教育的影響。父母過度限制孩子的活動，不准孩子單獨外出，不讓孩子多接觸同齡夥伴，這樣就會造成孩子不合群，缺乏一定的交往能力；父母過分嬌寵孩子，什麼事情都由父母代勞，孩子便因此喪失了鍛鍊的機會；或者父母過分嚴厲，孩子整天就戰戰兢兢……。

不過，知道了這些原因，就可以找到解決的辦法，然而方法是什麼呢？這也是一個值得探討的問題。

對膽小的孩子應該採取以下措施：

一、自由的環境

父母要為孩子創造一個溫馨祥和的家庭環境，讓孩子能夠比較自由地生活和學習，並且要給孩子留下能夠充分發揮他們潛力的餘地。

二、正確的態度

父母的教育態度必須正確，從觀念上真正明白，溺愛和嬌寵孩子，會造成孩子怯懦、任性的性格。父母要樹立起糾正孩子怯懦性格的信心，要瞭解到只要教育得當，就能使年幼的孩子得到健康發展。

三、培養孩子自主的能力

父母要隨時注意培養孩子的獨立辦事的能力、堅強的毅力和良好的生活習慣，放手讓孩子去做他們能力所能及的事情，讓他們學會自己照顧自己。孩子遇到困難的時候，父母不要一味代勞，而要讓他們自己去想辦法解決。當然，開始的時候，父母應該給予必要的指導，讓孩子逐漸學會自己處理各種事情。如果父母一開始就放手不管，孩子可能會感到手足無措，膽子反而更小了。

四、開闊眼界

經常把孩子帶到大自然去，開闊孩子的胸懷，開拓孩子的眼界，陶冶孩子的情操。在大自然中，還可以教導孩子適當的技能，如唱歌、繪畫、手工等，使孩子堅定自己的信心，認識自己的能力。孩子的自信增加，能力加強，就敢於參加各種活動了。

五、鼓勵交際

父母應該鼓勵孩子與其他人廣泛接觸。父母可以多帶著孩子到各種公眾場合去，當別人表示對孩子的友好和尊重時，孩子就會感到快樂，就會逐漸與人交往了。當然，最主要的是讓孩子跟同齡的同伴多多接觸，還可以邀請一些小朋友到家裡來，讓自己的孩子做小主人。平時，父母還可以幫助孩子結交一些新朋友。

六、內向孩子的優缺點

膽小內向的孩子生活空間比較小，他們精力就會相對集中，對事物的觀察一般都仔細認真，做事情相對也比較有耐心，喜歡做深入一些的思考。

父母和他人與膽小內向的孩子更容易建立溫和的關係。這樣的孩子不願意與人競爭，不會對他人產生威脅，所以更容易獲得他人的信任。

膽小內向的孩子感情一般都比較細膩而深刻，這種個性常常給人一種婉約的美。

另一方面，膽小退縮的孩子容易導致情緒壓抑，逐漸形成一種自卑的心理。孩子膽小，一般都會缺乏足夠的創造力，不利於孩子更多元的發展。總之，孩子膽小是多種因素的作用下形成的，父母的責任是因勢利導，讓孩子樹立起足夠的信心。

# 如何避免孩子怕羞

一個怕羞的人，如果能夠在陌生場合勇敢地講出第一句話，緊接著的就是流利的語言了。

有的孩子很怕羞，一見到人就喜歡緊緊抓著爸爸、媽媽的衣角，然後躲在爸爸媽媽身後，害怕陌生人。有的孩子甚至賴在爸爸媽媽的身上不願下來，其他人休想接近，即使是很熟悉的人，孩子也會將臉龐藏在爸爸媽媽懷裡。對害羞的孩子，我們應該更加小心地幫助他們，否則，就很容易觸動他們敏感的心靈，引起他們對人或環境的驚恐。

有些孩子，對人群總會敬而遠之，對學步的孩子來說，這是最常見的狀況。不過大可不必過於緊張，以為這會成為孩子將來人際關係上的一大障礙。其實這只是他們對於環境的一種觀察方式，等他們準備好了，就會願意從父母的身後走出來，將臉龐從父母的懷裡探出來。

每個孩子都有自己的個性，有的孩子內向，有的孩子外向，父母千萬不要用同一種標準去要求自己的孩子。只要按照以下方法去做，你的孩子就不會怕害羞了。

在日常生活中，我們常常會看到這樣的現象：有的人在路上碰到熟人因怕羞故意躲避，有的人不敢在大庭廣眾之中講話，講話就會臉紅心跳。這些行為，心理學上稱為怕羞心理。如果孩子有這樣的行為舉止，就應該注意了。

怕羞心理的形成與兒童時期缺乏父母的撫愛或很少與外界環境接觸有著密切的關係。這種人的性格一般都比較內向，這種人的神經系統較脆弱，一般來說，女性比男性多。

研究證明，怕羞心理產生的原因，除了與人的特質有關外，環境和教育也是重要的因素，如果父母在社交上是活躍的，那麼他們的孩子一般都不會怕羞。如果在日常生活中過分怕羞，那麼就對工作、學習和人際交往不利了。因為過分怕羞的人常常比較拘謹，很難與其他人建立親密的關係。怕羞的人常常比較怯懦、膽小。怕羞心理隨著年齡的增長和交往的增多，是可以逐漸減輕的。但是如果到了適婚年齡還怕見生人，不敢與人接觸和交往，這就變成了一種病態心理了。因此父母要注意讓孩子從小就不要怕羞。

孩子既然怕羞，就必須試著讓他在熟人的圈子裡多說話，然後再到熟人多、陌生人少的範圍內去練習。另外，每到一個新場合，事先都做好充分準備，這樣可以增強信心，提升勇氣。

「自我暗示法」是克服怕羞的好方法。到了陌生場合感到緊張時，可以採用暗示的方法來為自己壯膽打氣。例如把陌生人當熟人看待，怕羞心理就能減少了大半。一個怕羞的人，如果能夠在陌生場合勇敢地講出第一句話，緊接著的就是流利的語言了。用自我暗示法打破起初的阻力，是克服羞怯的一種有效措施。

孩子經過不斷的訓練，只要敢於對怕羞說「不怕」，並且願意去克服，就能走出羞怯的低谷，成為落落大方的人。只要父母有正確的教育態度，運用正確的教育方法，一般都能夠讓孩子的膽子大起來，並培養出健康的性格來。

眾所皆知，孩子認識周圍的人和物是需要時間的。對於陌生的事物，連父母都會在觀察之後才會有更多的安全感，孩子更是如此！因此，孩子不願意別人抱，孩子在別人面前有點害羞，這是可以理解的。只要孩子覺得習慣了，自然就會願意去接近，父母不用著急，一切都會好起來的，慢慢來吧！

讓孩子參加社交活動是訓練膽量的好方法，孩子可以交更多的新朋友，也可以讓孩子學習如何跟其他的人友好相處。

一個孩子如果害怕孤獨，離開熟識的朋友就覺得心理沒有依靠，造成平時跟小同伴說話都非常小心，別人提出什麼要求，他就會趕緊答應，如果別人要什麼東西，他就會立刻拱手奉送，有時甚至不等別人來要，他也會主動送上門去。這種孩子把東西給了別人以後，一般都是不會心疼的，自然就談不上後悔了。

但如果孩子是因為害怕別人不跟自己玩，就不敢拒絕別人的要求，這就是人際關係依賴症的表現了。父母的教育重點應該放在培養孩子的獨立性上，要讓他學會獨立自主，學會「自己跟自己玩」，不要養成一種依賴別人的不好習慣。父母應該訓練孩子，即使他單獨活動的時候，也覺得充實，而不是總跟著別人跑。擺脫人際關係上的依賴性，孩子就學會了獨立性。

如果孩子比較好面子，那麼解決這個問題關鍵就是向孩子講清楚道理。孩子好面子的問題不解決，孩子長大了以後有可能成為這樣一種人：遇事總是因為放不下面子，事後心裡十分難受，精神上常常很痛苦，心理嚴重失衡。在成人的世界裡，這種人是不少的。要使孩子長大之後不成為這種人，父母首先應做出榜樣，該拒絕時就拒絕，千萬不要「死要面子活受罪」。如果沒有拒絕，就不要後悔。父母做出了榜樣，向孩子說明瞭這個道理，孩子一般都可以心安理得地拒絕別人。

至於缺乏拒絕的習慣、技巧，只要經過幾次的拒絕訓練，孩子就慢慢學會拒絕別人了。如果孩子的膽子比較小，父母首先要訓練孩子的膽子。嚴格來說，孩子的退縮行為不屬於心理疾病，只是一種不良心理或是不良性格。

一般來講，大多數孩子都能夠與別的小朋友和睦相處，一起玩耍，但是有些孩子孤僻、膽小、退縮，不願與別的小朋友交往，更不願到陌生的環境中去，寧願一個人待在家裡玩，這種現象稱之為「孩子退縮行為」。這種行為常見於五到七歲的孩子。

隨著時間的推移，孩子慢慢適應新的環境，並且在日後的各種活動中逐漸主動發展自己能力。但是有退縮行為的孩子卻很難適應新環境。兒童時期的退縮行為如果不注意防治，不僅有可能延續至成年，而且，還有可能影響到他們成年後的社交能力、職業選擇和教育子女的方式等。

造成孩子這種行為的主要原因有以下幾個：

一、孩子的先天適應能力差

這類孩子從小適應能力就比較差，對新環境和陌生人感到特別拘謹，不願意接觸新的人、事、物，即使勉強叫他去適應，適應過程也相當的困難又緩慢。

這種孩子平時也不喜歡活動，對新鮮事物不感興趣，對很多東西都缺乏應有的熱情和好奇心，從來不與陌生人交往。

二、父母的後天教育不當

有的父母整天把孩子關在家中讓他自己玩耍，不讓他與其他孩子正常交往；有的父母對孩子過分溺愛，過分地照顧與遷就，因此，孩子難以適應新的環境，以至於對新的環境採取逃避的方式，比如拒絕上幼稚園或去學校等。

為了防治孩子的退縮行為，父母應該注意：

一、父母應該注意訓練孩子獨立自主的能力，讓孩子學會管理自己。父母要訓練孩子的勇氣精神，讓孩子甩開依賴別人的「心理拐杖」，學會獨立生活的本領。

二、父母應該鼓勵孩子多參加各種社團活動，為孩子創造各種機會，讓孩子和其他小朋友一起玩耍，一起遊戲。父母應該經常陪孩子一起參加各種社交活動，增加孩子適應團體活動的能力。對已經出現退縮行為的孩子，父母和老師應幫助他們克服孤獨感，培養他們適應外界環境的能力，與小同伴們建立良好的人際關係。

三、父母不要過於溺愛孩子，以免養成孩子過分的依賴性。

四、父母對孩子不可粗暴行事，以免使孩子常常恐懼不安，害怕與人交往。要鼓勵孩子從小熱愛團體，主動與其他小朋友一起活動，培養開朗的性格。父母和教育者的親切和信心，有利於孩子克服性格上的缺陷，塑造其開朗的性格。

五、父母應該獎勵孩子在社交中出現的合群行為，逐漸增加他們的社會活動，克服退縮行為。經過多次社交經驗和父母的正確心理誘導，絕大多數有退縮行為的孩子，都可成為性格開朗的人。

# 讓孩子走出孤僻

要讓孤僻的孩子表現出色沒有快捷的方式可走，唯有不斷的用支持、鼓勵和肯定來幫助孩子。

性格孤僻、膽小、不愛說話的孩子：這類孩子比較穩重，做事不易出差錯，專注力強、聽話，但他們不喜歡與人交往，自我表現欲不強，不願把自己的想法告訴別人。

對這類孩子應採用欣賞的方法，多親近他們，幫他們製造與別人交往、在團體場合說話的機會。

面對孤僻的孩子，父母可以遵照以下原則：

一、父母應該多給予身教示範，少指責

假如父母老是指責孩子這個不對，那個也不對，久而久之，孩子就真的認為自己什麼也不行了。批評孩子要注意方法，要對事不對人。

在指出孩子錯誤的同時，要向孩子解釋和示範什麼是正確的，讓孩子知道怎樣做才對。應該對孩子說「我希望你做什麼」。

二、正確估計孩子的潛在能力

父母總希望按照自己的意願塑造孩子，而不尊重孩子的看法和自我評價。父母應該經常問問孩子：「你喜歡做什麼？」「你覺得什麼有趣？」「什麼是你最拿手的？」有時孩子做出的簡單回答能使我們意外地發現孩子的潛在優勢。

三、鼓勵孩子多做積極的自我評價

積極肯定的自我評價，可以使孩子提升自我形象，增強自信心，更能發揮自己的才能。

四、教孩子學會放鬆自己

懂得如何放鬆自己是發揮最佳狀態的關鍵。當人的整個身心都處於放鬆狀態時，頭腦就會更加清醒，全身的功能也會得到最大極限的發揮。

教孩子放鬆可以從教孩子深呼吸開始，讓孩子體會深呼吸時的感覺，然後讓孩子想像一件能使他全身都能處於放鬆狀態的事情——比如讓孩子想一段熟悉的音樂，或想像一下沙灘上溫暖柔和的細沙或微風吹拂樹葉的情境。

一直到孩子心情完全平靜為止。情緒安寧有助於孩子排除一切干擾，沈著鎮靜地面臨挑戰。

五、訓練孩子集中精神，全神貫注

父母時常抱怨孩子注意力不集中，但當孩子玩起電動來，眼睛卻可以幾個小時不離開螢幕。這說明孩子的注意力是可以培養和訓練的。

你可以給幼兒唱一首兒歌，要求他盡力記著歌詞，然後圍繞內容向孩子提一些問題，讓孩子回答。也可以讓大一些的孩子仔細地看一張寫滿數字的紙，然後把紙拿開，問：「從第一行開始你記住了哪些數字？」

六、教孩子在頭腦中「排練」

小孩子既有豐富的想像力又樂於想像。在孩子考試前，父母除了督促孩子努力學習外，還可以讓孩子想像一下考試的全部過程——從考試的鈴響了開始，一直到老師要求停筆為止。經過幾次的想像之後，考試本身在孩子看來就似乎習以為常了。

七、幫助孩子制訂目標

在孩子確定奮鬥目標後幫助孩子制訂具體措施。假如你的孩子已確定目標，要使數學成績達到九十分，你就要幫助他。

比如「每天認真聽課」、「準時交作業」、「規定閱讀時間」、「與孩子做問答遊戲」，等等。並督促孩子努力按計劃去做。

八、責罵要講究方法

當然，需要指出的是，在孩子犯錯的時候，責罵要講究方法。

孩子犯了錯，必要的責罵是應該的，也是必要的，但是一定要注意方法，千萬不要添油加醋，藉題發揮，更不能侮辱孩子的人格和說話過頭等。也就是說，批評孩子一定要注意方法，要對事不對人，並且要儘量淡化，不要傷了孩子的自尊心。

而且必須注意的是，在指出孩子錯誤的同時，一定要向孩子說清楚，什麼是對的，什麼是錯的，應該怎麼做。允許孩子犯錯，允許孩子改正錯誤，這是一條原則。要特別注意，不要翻陳年舊帳，不要因為孩子犯一次錯誤就把往事都翻出來。

Part 5

# 把家庭學習進行到底

Give That Kid A Hug

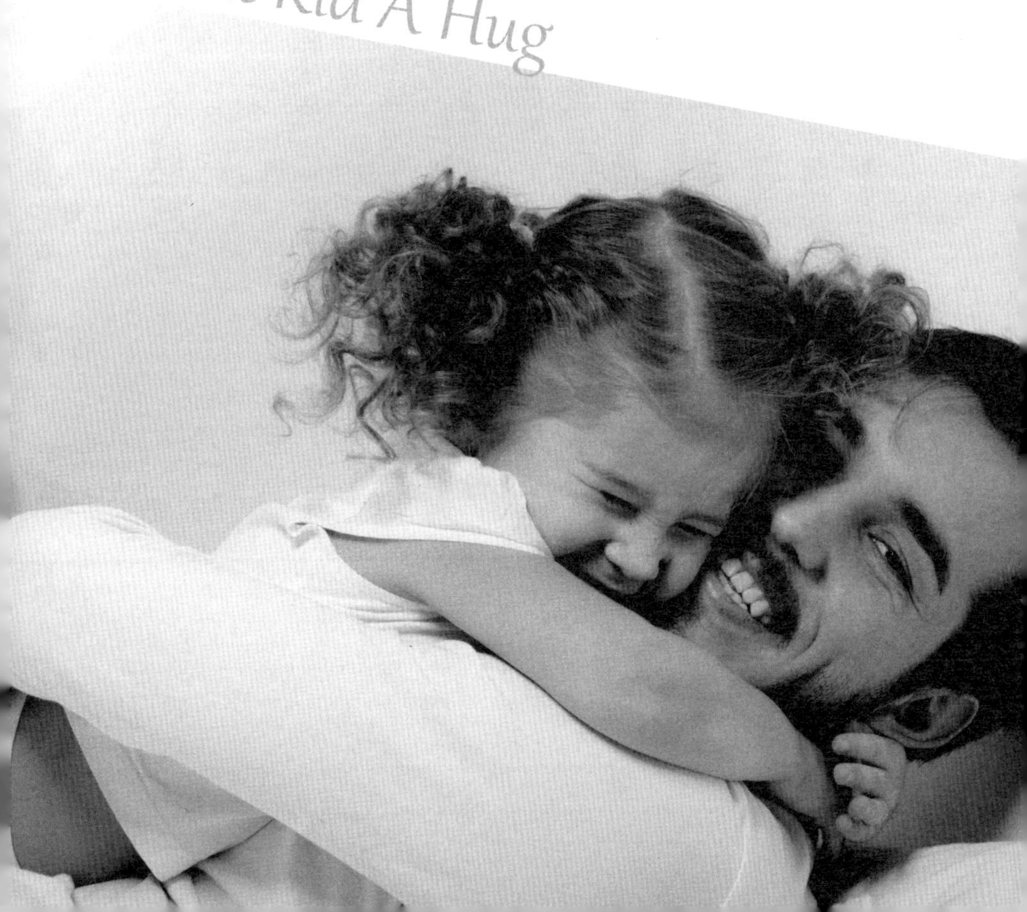

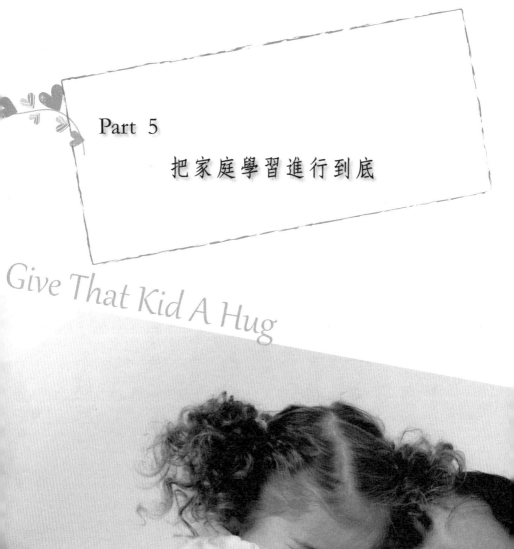

# 解碼孩子為何「不聽話」

父母必需記得：身教重於庭訓，以示範代替責備。

孩子不聽話、經常搗亂、不守規矩，父母往往會被惹得動起肝火，把孩子訓斥一頓之後，才告平息。不過，一波才平、一波又起，不禁暴怒：「你快把我氣瘋了！」

教訓、打罵和指責，不但沒有讓孩子學乖，反而讓他們更情緒化。不安分不守規矩的行為似乎越來越多，親子之間的關係也越來越緊張。

管教不聽話的孩子時，父母很容易犯錯。最常犯的錯有兩個：其一是：斥責太多，造成親子關係的僵化；其二是：大人所做的，正是教訓孩子不該做的行為，造成錯誤的示範。

孩子不聽話，犯錯連連，你會心煩氣躁，以為事態嚴重，其實大部分是生活中的瑣事。如果你稍加留意，就會發現孩子所犯的錯幾乎一再重演，如果你能善加預防改善或處理，不聽話或犯過的情形就會減少。

父母可能一再怒斥孩子關門的噪音，其實你只要加個軟墊做緩衝，讓音量減小，指責他的次數也就相對減少。若孩子一再把鑰匙弄丟，你可能會火大的罵他「粗心！」其實只要想個預防的方法用一條夠長的細繩，把鑰匙繫在書包裡就可以減少弄丟的機率。兄弟姊妹經常吵架告狀，該檢討的是父母對子女的態度，有沒有引致孩子們爭寵的人際失衡。

父母要極力避免的事情是：拿孩子的好成績或好行為，批評另一個孩子的缺點；對老大親熱談話時，卻疏忽了一旁的老二；他們起爭執時，你忘了指導如何處理衝突，而讓雙方從吵架中學習處理糾紛的方式。

父母該教導孩子怎麼處理糾紛呢？最好是仿真解決問題的情境。重新演練在學校裡與人爭吵的情境，教會他處事的正確態度，而不是一味地責備他。

掌握以上的原則，就會減少孩子犯錯，而因為教訓、斥責和打罵所造成的緊張氣氛也會減少：孩子得到鼓勵的機會便相對增加，其自動自發的態度，也就能自然的培養起來。

另一方面，當孩子犯錯，或有不當的行為舉止時，父母要避免憤怒、講情緒化的話，或者在盛怒時體罰孩子。父母惱怒的情緒，令孩子感到驚嚇；惡言惡語，令孩子自尊受損；失態的言行，等於做了錯誤的示範。

孩子從父母那裡所受的創傷，或學到的錯誤行為，往往深入其心，牢固而不易改正。時日一久，親子雙方都以情緒化的態度相互對抗，家庭開始解體，於是陷入更嚴重的困境。

教孩子的時候要心平氣和，彼此要講理，才能思考、解決問題。所以要跟孩子一起學習平心靜氣之道，要彼此鼓勵。「孩子！讓我們一起靜下來，深吸一口氣！然後慢慢吐氣，這能讓自己的心慢慢平靜安定下來。」研究指出，以小腹深呼吸，能令人鎮定，從新做出清醒的思考和反應。

對付不聽話的孩子，不宜採取高壓政策、動肝火加以痛斥或打罵，要平心靜氣，檢討原因；要避免錯誤，勇於改正教導的缺失，這樣才會奏效。

# 如何面對孩子的無理取鬧

不受孩子要脅，也不要當眾責罰孩子。

你帶孩子上百貨公司購物前，要先講明白：「爸爸、媽媽帶的錢有限，先買吃的、用的、穿的和其他必要的東西，然後才可以買玩具。我們可以預留一些錢買玩具，但要買我們買得起的。如果價錢太高，我們可以用儲蓄的方式，來買心愛的玩具！要講理，要知道想辦法，而不是胡鬧。你們做得到，就一起去購物，如果做不到，那就在家裡陪阿嬤。」事先講好，孩子有所遵循，就不會胡鬧。

帶孩子出去旅遊、到朋友家做客，乃至在家裡舉辦招待親友的活動，都要事先講明白，以防範無理取鬧。如果表現良好，事後應予獎勵或表示讚美。

如果孩子耍賴，無理取鬧，要告訴他：「這麼不講理，我不能接受。」如果孩子鬧情緒，你可以把他帶到一邊，告訴他：「你可以在這裡安靜一下！想通了，就告訴我！」要避免當眾責罵或體罰，這樣會強烈的傷害到孩子的自尊心。

讓孩子知道什麼是對，什麼是錯；堅持對的，改正錯的：獎賞正確的，提醒改正錯誤的，孩子自然不會無理取鬧。

孩子在六歲以前，就應該開始學習講理。基本的自律是從訓練大小便開始，漸漸學會自律，學習如何適當表達負面的情緒，如憤怒、攻擊、破壞等等。學齡兒童已經學會相當程度的自我控制和主動進取的能力。

不過，許多孩子因為被保護得太過，父母親替孩子做得太多，或者縱容不管或缺乏學習的機會，從而抑制了自律習慣的養成。於是，在兒童階段，仍然持續著無理取鬧的行為。

學齡前的孩子與同伴或兄弟姊妹玩耍時，如有侵犯別人、攻擊、粗暴、不守遊戲規則、霸佔玩具等行為，父母應該及時叫停。如果有糾紛，應該解決紛爭，指導他們如何解決問題，例如怎麼輪流玩，怎麼約定遊戲規則。

提示他們「要講理」、「一起想辦法解決」、「協調能讓大家玩得更高興」……然後，幫助他們釐清問題，處理爭議點，讓他們能繼續玩下去。

一味的責備和體罰，而忽略怎麼協調和解決問題，既無法學會自律和講理，也給了孩子無理取鬧的示範。

父母在日常生活中講理，懂得協調和自律，孩子自然比較不會無理取鬧。

如果發現孩子就學時仍有無理取鬧的現象，建議你採取以下的策略。

1. 凡事先講明白，防範無理取鬧在先。
2. 耍賴時，不能讓他得逞。
3. 管教時，其他家人不得介入阻攔。
4. 要告訴他錯在哪裡，正確的做法是什麼。

如此一來便能慢慢改善孩子無理取鬧的現象。

# 如何應付「慢吞吞」的孩子

先找出動作慢的原委，再設法矯正。

孩子吃飯做事慢吞吞的，最容易令父母心急。早晨時間有限，看著孩子從起床、吃飯到準備上學，樣樣拖拖拉拉，三催四請還是慢吞吞的，讓你忍不住拉開嗓門責備他。結果大人光火了，孩子卻淚眼汪汪地站在那兒發愣，坐在那兒發呆。這樣會比較快嗎？

父母親氣急敗壞的斥責，孩子仍然慢吞吞。當心——你的氣急敗壞會造成錯誤的身教，孩子長大後會變得跟你一樣脾氣不好又急躁。另一方面，孩子的挫折感和當時的驚嚇，也會帶來更多的抑鬱和適應上的困難。

壞脾氣的孩子容易與人發生衝突，將來親子間的衝突也不可免。抑鬱的孩子容易變得低聲飲泣，抬不起頭來，碰到難題時會退卻和沮喪。

慢吞吞已經夠你心煩了，若再加上教導不當，衍生其他衝突或心智成長上的問題，那就更令人困擾了。許多孩子的問題是像滾雪球一樣，越滾越大，隨著年齡增加，會有更多的困擾。

其實孩子慢吞吞一定有原因，只要找出原委，就能對症下藥，矯正其行為。

孩子早上起不了床，最有可能的原因是體溫還沒有回復到正常的溫度。這時，只要逗著他動一動，教他翻身、伸個懶腰，很快就可以清醒過來。這個時候，應該給孩子「三分鐘賴床」，但必須翻過身，弓起身子跪在床上，享受賴床的樂趣。但是三分鐘一到就得起床，這時體溫已恢復正常，容易起床。

做功課拖拖拉拉怎麼辦？大多數孩子只要你坐在他身邊，當他的顧問，就能把功課做得又快又好。不過，你只能當顧問，不能替他做。有些孩子即使你坐在身邊，還是慢吞吞的。這時，就要把功課分成幾個步驟，化整為零，一步一步帶著他做。然後、留下一些由他自己照著做。父母要鼓勵孩子：「看看你能不能在規定的時間內做完。」能做得完，有進步，就應給予鼓勵或表示讚賞。

孩子慢吞吞的行為，不是用責備、懲罰和威脅恫嚇就能夠改正得了的，而是要找出原因，設法矯正，才會見效。

# 家庭教育的禁忌

工作與生活兩者之間若協調不當，將會影響到孩子的情緒發展。

有的孩子說：「我爸爸很少跟我說話，我不知道他的工作是什麼。」

有的孩子說：「我爸爸回家就看電視，很少聽我們說話，或者邊看報紙邊回答我們的問題，只有幾句話就完了。」

……

父母之間談及「什麼原因讓你很少跟孩子說話」時，大部分的人則說：「我實在不知道要跟孩子說什麼。」

上班族的父母都很擔心自己工作太忙，沒有時間陪孩子，常常會聽到「會不會因此而影響孩子的心智成長」之類的話。對此，上班族的父母容易因為工作的原因犯一些錯誤。

1. 沒有時間跟孩子交談，聽他們說話。
2. 工作過度，老是外出，與孩子疏離。

3. 帶著怒氣回家，破壞家庭生活的氣氛。
4. 一味要求好成績，苛責孩子的表現。
5. 為了急於上班，早晨總是厲聲催促孩子起床和上學。

這樣的家庭氣氛，會讓親子之間的感情變得冷漠，而且交談減少，孩子的語言表達、思考和人際互動能力，都會因此而受到影響。我建議多聽孩子說話，坐在他身邊，關心他的生活，面向他專心聆聽，表示認同、體諒和瞭解，就可以跟他交談下去。要注意是多聽而不多講的原則。

父母親工作太忙或太累，會沒有耐性跟孩子說話。許多父親早出晚歸，連在一起吃飯的機會都沒有，至於一起旅行、郊遊、逛街購物，以及一起歌唱、說故事、做家事，就更難做到了。

這些孩子分享不到父母的生活能力和風趣，也感受不到一起逗笑的快樂。他們腦袋瓜裡裝的是卡通人物，是綜藝節目中的裝瘋賣傻，和電影情節中的暴力。

設想，青少年叛逆期一到，他們會是個什麼模樣呢?肯定是冷漠、充滿敵意和缺乏責任感。調查研究指出，有百分之三十七的兒童，說父母親回家以後，脾氣很壞，容易拿孩子出氣。請不要把職場上的怒氣帶回家。大人有情緒問題，孩子也一樣，都需要安慰和關心。如果大人經常帶著怒氣，孩子的情緒生活當然也就不健康。

父母不要一味要求孩子好——不先教會他，卻要他有好的表現，無疑是苛求。上班族最常犯這個毛病，以為孩子和員工一樣，都應該做好自己本分內的事。孩子要先教才會做。一味的責備，只會傷害孩子的自信心和自尊心。

# 如何戒掉孩子的壞習慣

破除惡習的要領是重新建立新的好習慣。

孩子成長過程中，不免染上壞習慣，例如：嘴饞、咬指甲、說髒話等等。最令父母擔憂的是東西亂丟，沈迷電玩和網路世界，或者遇事推脫延宕。這些壞習慣是父母的眼中釘，你恨不得一次將它連根拔除。

不過，要戒掉壞習慣並非易事。你責備、打罵、連哄帶騙：動之以情、誘之以利，結果無效。你氣急敗壞，採取高壓的方式，脅迫孩子，終結其惡習，最後弄得失望和疲憊，甚至親子間的關係充滿緊張和敵意。

孩子是否能順利成長，這是一個關鍵性的十字路口，父母親必須謹慎思考，理性地處理，否則就會每況愈下，陷入更大的困難。因為孩子很快就會進入叛逆的階段，那只會越來越難處理，不會越來越聽話。

在矯正孩子的壞習慣時，最普遍的錯誤是：只責備他的錯，而忽略告訴他錯在哪裡及怎麼改過來。其次是認定孩子錯了就是全部錯，沒有把錯誤和正確的行為加以區隔。比如孩子愛打人，我們必須區隔：孩子維護自己的權益是對的，但是打人的暴力行為是錯的，要改的是打人的行為。我們肯定他維護權益和表示意見的態度，但要把「打人」改為「講理」或請長輩當裁判。

要協助孩子戒掉壞習慣，一定得認清：

破除惡習的要領就是重新養成一個新的好習慣。

一味消極性的警告、處罰和責罵，是沒多大用處的。

養成新習慣需要三週到一個月。

具體掌握要戒除的壞習慣。

找出產生壞習慣的原因，設法消除它。

建立新的習慣代替舊的習慣，擬訂計劃去執行。

多鼓勵與讚美，切勿因為失誤而氣餒。

有些孩子有咬指甲的習慣，父母必須瞭解和觀察，這個習慣在什麼時候最容易發生，例如：他在遊戲時不咬指甲，而是在獨處、被責備和寫作業時才咬指甲。這時你該去了解他或許有什麼不安，可能來自家庭、人際或功課，所以當他感受到不安的時候就會咬指甲，最後形成習慣。因此，你得先消除這個背後的原因，要戒除它才會成功。嘴饞、多話、不能控制時間等等，也都有其原因。

其次是擬訂培養新習慣的計劃：譬如在手指上帶一個戒指、或繫一條紅絲線，提醒孩子想咬指甲時，改成唱歌，並用手指打拍子，慢慢就能改掉舊習。成功了就在記錄卡上畫一個圈圈，如果不小心又咬了，就記一個叉。每天晚上陪孩子一起檢討，鼓勵他，並增強其信心。持續三週以上，舊的行為就會漸漸消失。

孩子們不會無緣無故養成壞習慣，壞習慣的形成一定有其原因，但大部分都與不安有關。如果你能多給孩子成功的機會，欣賞他的優點，創造家庭的歡樂和笑聲，常帶領孩子運動和遊戲，孩子就不容易染上壞習慣：即使要戒除壞習慣，也容易得多。

# 避免喝斥孩子

別讓惱怒壞了自己的情緒，也苦了孩子。

急躁的人很容易對子女大聲喝斥，遇到孩子犯錯，或者表現不如己意時，就會惱怒地指責，表情難看地歎氣。急躁型的父母，看不見自己的臉色有多嚇人，而孩子幾乎要天天面對這種壓力。

這對孩子而言，很無奈，他們只得忍氣吞聲。一直到有一天，伴隨著青春期的叛逆，他們也跟父母一樣的易怒和急躁，彼此的衝突不斷，最後索性抵制大人；不是沈默不語地和父母冷戰，就是意氣用事、蹺課、逃家。

如果你是急性子的父母，千萬不要急躁，以下是幾個緩和性急的方法，對孩子的心智成長和健康都有益處。

凡事預留寬裕的時間。

要喝斥孩子時，給自己三十秒思考：動怒對教導孩子有用嗎？該怎麼回應才對？

先教會孩子正確的做法，而不是做錯了之後再來責備他。學習幽默。想想該如何把惹你生氣的事化為幽默，事後再告訴孩子該怎麼做才正確。

留給孩子自主的空間，不要凡事都由父母操心，這能使孩子學習主動，也能讓自己保有悠閒。

你在周末假期帶孩子出遊時，出發與回程都要預留時間，避免交通阻塞，而一時心急惱怒，將惡劣的情緒發洩在孩子身上。你要知道孩子總是靜不下來的，甚至有許多突發狀況。尤其是早晨起床，如果父母親不能預留一點時間，孩子們從起床、梳洗、用餐到準備出發，總是會被訓斥。這樣的生活品質低落，孩子和大人的情緒都會受到影響。

在惱怒發作前先提醒自己，憤怒不能解決問題，但可以告訴孩子，是什麼原因使自己心急。要說的是自己的感受，而不是惱怒地批評孩子。此外，如果你能想想：「最壞的後果是什麼？有什麼補救的方法？」就不會覺得事態嚴重，而惹得你心煩氣躁了。

先教會孩子怎麼做，而不是老是在事後責備孩子。要拜訪長輩前，就先教孩子怎麼稱呼、問候和做客的規矩：要有好成績，就得陪他先作預習和複習，要帶孩子上百貨公司買玩具，就得先約法三章：在什麼額度範圍內購買玩具。做好準備，就能預防一時尷尬或令你情急的不當反應。

發生在孩子身上的事，都不是什麼大事，你無須太在意。大部分的事，只要傾聽和表示關心就可以了，無須小題大做。有時，你不妨幽默點，把自己當一個旁觀者來看親子間發生的事，你會莞爾一笑的。

越是操心孩子的父母，越容易給自己和孩子壓力。日積月累，原本就性急的人便會變本加厲。喝斥、惱怒和憂心越多，親子互動的難題和窘境就越會出現。

# 陪孩子接受資訊

在資訊時代中成長的下一代，需及早監督與指導。

電視和網路是孩子的最愛，也是他們生活的方式與工具。他們在網路上探險，著迷於電視節目和卡通影集，也從中學到知識，增廣見聞，受到啟發，並學習網路生活和習慣。

從電視和網路之中，孩子固然學到不少，但它也像是一片充滿陷阱的森林。孩子在這個資訊爆炸的時代裡，如果看得太多，又得不到指導，在心智成長上會出現下列的危機。

1. 網路和電視提供五花八門的節目和內容，從科學新知到暴力犯罪，從玩樂到色情；孩子模仿力強，會染上許多錯誤和偏差的行為。如果沒有經過選擇，會傷害孩子，誤導孩子。

2. 網路和電視上展現出來的東西，孩子只能被動的觀看和接收，這樣會影響孩子思考、主動探索和創意的發展。如果縱容孩子沈溺下去，甚至連語言表達、人際溝通都會出現困難。

3. 影像聲光很吸引孩子，因此佔據了孩子做功課的時間，影響課業的學習；佔據了運動和遊戲的時間，導致身心發展的失衡。

4. 看太多電視和上網太久，則習慣於劇情的認知。一個英雄人物的生平，一小時就演完了，但在現實生活裡，每項工作都必須堅持才能做得好，所以電視看太多的孩子容易缺乏耐性。

父母要及早監督讓孩子看有益的電視節目和上正當的網路。美國曾經做過大規模的調查研究，發現學業成績優異的青少年，每星期平均看十個小時的電視，看電視多或少於十個小時的孩子，學業成績都比較差。

父母親要指導孩子選擇有益的節目，避免孩子打開電視無所不看。有些節目專門報導社會事件，容易給孩子帶來懼怕、價值觀混淆或心理上的衝突，必須與孩子一起討論，讓他們有所了解。

孩子看電視和上網，都應列入家規，大人亦應避免整晚或終日開著電視機。該立定的規範包括：一周以十小時為準（練習使用個人電腦、處理資料和完成作業等不在此限）；約定選擇節目的要點，哪些該看、哪些不該看。此外，父母最好能抽空陪孩子一起看電視，或者多聽聽孩子轉述所看的節目內容。

# 杜絕體罰孩子

別貪圖眼前暫時的效果，而讓後遺症貽害孩子的一生。

你嘮叨孩子邊吃晚飯邊看電視，不如用餐時間把電視關掉；你一再責備孩子躺著看書，不如調整書桌和床的距離及燈光；你希望孩子自動自發幫忙做家事，就與孩子商量，看看哪個時間適合一起做家事。不過，你和孩子在一起工作時要風趣，否則孩子不會願意跟你一起做事的。

你常常責怪孩子懶、不負責任、沒有整理自己的房間，不如給他責任感：「孩子，你自己列幾項這個周末該做的事，貼在你的書架上。」你督促他做個計劃，或者跟他討論該做些什麼，他就會找時間做，甚至很快就會做好。

你要懂得溫和的開導，而不是疾言厲色的訓誡，例如：「孩子，我不喜歡你吃飯時趴在桌上的樣子」「接電話時請注意禮貌」……如果你用諷刺、責罵的方式訓誡他，反而不易收到效果，尤其是青少年叛逆期間，更容易發生衝突。

教育子女不能依賴打罵。打罵即使能一時見效，也只不過是被動的懼於權威，而不能養成主動的意願和明白事理。打罵的教育有許多缺點，一般父母親很不容易覺察，等到孩子負面情緒累積到一定程度，爆發出來時，後悔就太晚了。

多年來我從事教育和輔導工作，從各方面觀察打罵的教學方法所引發的後遺症，無論是在學習態度、生活適應和情緒發展上，都會造成缺陷。採用打罵教育出來的孩子，被動性較高，缺乏主動探索的動機和終身學習的態度，離開學校後即失去學習和成長的動力。他們在這快速變遷的時代裡，顯得故步自封，容易挫敗和被淘汰，甚至失業。

這些在打罵中長大的孩子，不是反抗性強，就是防衛性高：不是容易使用暴力，就是造成抑鬱。他們共同的問題是低自尊，有較多的情緒問題。這些人在家裡所表現的情緒控制較差，與家人相處有較多的困擾或衝突發生。

建議父母不要用打罵的教育：它的後遺症是長期的，而眼前的效果則是暫時的。

其實教育孩子有很多效果好的方法，例如：

1. 改變接觸的環境。
2. 給予孩子責任感和對事情的承擔。

3．溫和的開導，並指導該怎麼做。

4．訂定規範，付諸實行。

5．多用獎勵，但該罰則罰。

家裡需要有家規，是共同訂定的，大家一起遵守；列出最重要的規範，例如：作息時間、家事分配、待人的態度等等——要簡單明白，並應該多給予獎勵。

最後要注意的是，你可以和孩子一起學習克制衝動和憤怒，一起練習保持鎮定的方法。當情緒緊張憤怒時，要懂得閉上嘴，想一想該怎麼做最好，然後再去做，不可以因一時的衝動，造成人際關係上的傷害，你能這麼做，孩子也就好帶了。

## 避免過分誇獎孩子

不切實際的誇獎失真，過度的誇獎造成壓力。

一位母親憂心地對老師說：「我們並沒有給孩子什麼壓力，也很少責備他，更不會疾言厲色。我們以獎勵代替責備，為什麼孩子會越來越憂鬱呢？」

老師單獨和這位念中學一年級的孩子會談，發現他擔憂自己不能名列前茅，所以很用功。他經常失眠，覺得壓力很大，甚至想休學。

「我很怕考不好，所以每天讀到深夜。」孩子說。

「你覺得學習有困難嗎？所學的功課你不會嗎？」老師問。

「不是，是怕考不好。如果跌到三名以外，我會覺得很沒有面子。我就是怕輸掉！」

「你父母親要求你考前三名嗎？」

「沒有。是我自己粗心考不好，我就是很在意成績。」孩子哭了起來，「我怕失敗，那很沒面子。」

「對誰來說，你會覺得沒有面子？」

「我怕對不起爸爸媽媽！怕得不到他們的歡心。」孩子泣不成聲。

這位名列前茅的孩子，長期生活在父母和親人的誇獎之中。由於一直保持好名次，他未曾嘗過父母沒有誇獎的滋味。他怕失去誇獎，並把這種懼怕當成了一種嚴重的威脅。

父母親給予孩子適當的誇獎，對培養孩子的信心，養成自動自發的態度，具有正面的效果。

但是，不分青紅皂白，輕易給予孩子讚美或誇獎，孩子會因為容易得到誇獎，反而會養成馬馬虎虎的習慣。這還不算嚴重，過多的誇獎，長期處在誇獎的笑容裡，則容易養成退卻、不敢冒險的性格，甚至發展成焦慮症候。

對孩子而言，受誇獎是一件高興的事——可是受誇獎成了習慣，就會擔憂得不到誇獎。當他覺得沒有把握，或者自認為不容易做得好時，就會退卻或逃避。

因不當誇獎而導致焦慮反應的孩子，屢見不鮮。有些孩子發展成憂鬱症，有些孩子變得厭倦。過多和不切實際的誇獎，會給孩子帶來以下的困擾：

孩子所做的事情，你習慣性地誇獎，甚至不是真心的；孩子知道是口頭禪式的誇獎，會當耳邊風。

過度的誇獎，甚至在親友面前經常讚揚，這會造成孩子的焦慮，往後只要沒有把握的，就想避開它、逃離它。

依賴誇獎而努力用功的孩子，在遭遇不同意見的挑戰時，容易放棄；在與人交往時，容易犧牲自己，去迎合別人。

誇獎具有啟發性和鼓勵作用，但誇獎過多，會帶給孩子壓力，形成焦慮。所以誇獎要適可而止，我們可以改用欣賞、瞭解、交談、聆聽等方式來代替過多的誇獎。

# 正確對待孩子「偷」錢

正視心理匱乏，謹慎防治積非成習。

大部分的孩子都偷過錢，有所不同的是偷的動機和次數。一般而言，孩子的偷竊行為大多是臨時起意，只要你留意勸導，避開誘發的刺激，就能有效的改正。但有一部分的青少年，偷竊行為已積非成習，那就要費一番工夫矯正了。

孩子偶然偷錢，無論在家或在外，只要好好對他說清楚，做點防範就行了。一旦改過自新，並獲得體諒與嘉許，就會脫離偏差的行為。倘若孩子經常偷竊，除了偷父母的錢之外，在外面也會偷，甚至連日用品都偷，那就表示有了心理上的原因。它包括：

心理的匱乏感，見了就想偷；透過「偷」來彌補心中的匱乏。亂花錢，當然偷錢的驅動力也越強。匱乏感的來源和家庭生活及管教方式有關。

在家裡得不到愛和自尊，於是轉向不良團體，尋求認同和滿足。為了討好，付出金錢財物表示友好，他不得不偷竊。

一種焦慮感催逼著他去偷取錢財或物品，囤積著欣賞、把玩，以偷為樂，成為他的補償性行為。

偷竊的孩子往往有一個共同的特質，那就是缺乏愛與安全感。主要的原因出自於家庭的管教過嚴、放縱溺愛、怒斥責罰和溝通不良。這些家庭的父母親說他們很愛孩子，但孩子卻覺得沒有得到關心和溫暖。

其實，解決這個問題的辦法也是有很多的。

用恐嚇來矯正孩子的偷竊行為，效果很低。正確的方法是對孩子說明偷竊是犯法的行為，把法律條文翻出來給他看，告誡他要改過自新，否則會受到法律的制裁。

適度給孩子零用錢，透過零用錢的管理，教導孩子學會自制。零用錢的多寡，應該依據實際需要來衡量。

矯正偷竊行為時，一天沒有偷竊，就要表示嘉許：一週不偷竊，要有適當的獎賞。零用錢使用得當要嘉許，能自我控制更值得讚賞。必要時可酌量調高零用錢當獎賞，經過二至三個月後，正確行為即可養成。

偷竊的孩子，心理上都帶著不為人知的焦慮。於是，他們不能專心讀書，常把時間消磨在與朋友一起廝混、上網、玩電動，甚至染上抽煙、吸毒等惡習。

處理這些問題，必須先建立正確的家庭溝通，學習互愛，開創生活樂趣和溫馨。至於把孩子罵一頓，羞辱他「你真愚蠢！」「將來是個沒有用的下三濫！」等，這種辱罵不但無效，反而會引來更多的後遺症。

生活在多采多姿富裕的社會裡，孩子很容易受到誘惑，在無意中染上偷竊等偏差行為。對於這種行為，要謹慎、要講求方法、要有耐性和愛心，必要時可求助專家。千萬不可憤怒將事，採取責打、羞辱或恐嚇的方式，那只會徒增困擾。

# 抱緊那個愛你的孩子

父母必須在開發孩子智力的同時，
也注重孩子的心理健康。
請記住，要抱著厚望去教育孩子，
而不是抱著慾望或野心，這樣才能把孩子教好。

# Part 6

## 培養孩子的生活適應能力

Give That Kid A Hug

# 如何培養孩子堅毅的人格

製造機會建立自信，才有堅毅的表現。

一位年輕的媽媽問老師：「念小學低年級的兒童，也能學習堅毅嗎？」老師給她推薦了提升孩子堅毅度的幾個方法：

1. 給孩子信心和成功的機會。
2. 告訴他怎麼做，而不是事後才責備他做錯。
3. 從興趣中培養專長，再依專長延伸學習更多方面的能力。
4. 引導孩子自我肯定。

對一個幼童，你問他「你會自己穿上外衣嗎？」他做到了，你說：「真是好極了。」你又問「你能把衣服掛好嗎？」他做到了，隨即告訴他：「真好！」這些互動都在增加孩子的信心。你別小看這些小事，孩子能辦到時，及時給他肯定和欣賞，他的信心和做事情的動力就會得到增強。

堅毅是一個人活得健康，能掌握自己的人生，堅持重要的價值和目標，能接受挑戰的一種精神力量。這樣的精神力量，是要從小學習，在生活中逐漸養成，而不是用認知或訓誡的方式一蹴而就的。

堅毅度越高的孩子，越能表現出勤奮和積極，情緒穩定，越能承受挫折、鍥而不捨。孩子將來是否健康幸福，與其堅毅的人格特質息息相關。

讚美和欣賞孩子，必須在不誇張、不造作的情況下表達，而且要在日常生活的事件上，找出值得你欣賞的行為，這樣日積月累，就能建立起孩子的自信心來。孩子有自信心，自然會表現出堅毅的處事態度。

孩子並非天生什麼事都做得好，因此要先教他怎麼做，給他成功的伏筆，等他做得對、做得好時，你就會欣賞他，讚美他。這樣一來，孩子自然會表現出對做事的信心和勇於嘗試的勇氣。孩子做事，有些部分做得好，有些部分做得差，父母的眼光要放在做得好的部分，表示欣賞和讚美，這是培養健康自我的關鍵。經常糾正錯誤，或強調做得不好的缺陷，孩子會懼怕嘗試和學習內心的挫折感也會較重。

許多逃避的行為，都是在童年以前養成的。有些父母急於改正孩子的錯誤，視做得好或正確為理所當然。大人們未加欣賞讚美，卻張大眼睛挑孩子的錯，予以指責或譏諷，這對孩子的傷害很大。這些孩子容易表現出消極、逃避、自我防衛或攻擊行為，他們在克服困難的堅毅度都差人一等。

別急著要求孩子學習太多才藝和知識，沒有心理準備和興趣牽引的孩子，勉強逼他學習，只能得到刻板僵化的知識。你要透過孩子現有的興趣，引導他發展更多的能力。他喜歡玩折紙飛機，你可以透過這項遊戲經驗，鼓勵他寫一篇短文，也較容易達成有效的學習成果；或者把不同飛機模型的飛行距離丈量、記錄下來，做計算，學習數學；或者比較個中的差別，而從事科學思考。

孩子先有父母的欣賞和讚美，從而發展出自信和自我肯定。由父母帶他學習解決問題，克服困難和挑戰，從而得到滿足感，才會有堅毅的態度，去面對自己的未來。

## 父母的希望與孩子的憧憬

自然的表達出對孩子未來的期望和欣賞。

美國作家傑克・卡尼在《我的父親》一書中回憶道：父親永遠對我們抱著希望，他生了十七個子女，家中的經濟拮据。但是，我們一家人一起努力，一起在農場工作，日子雖然過得很辛苦，但我們的家庭總是書聲不斷，學習精神旺盛。父親一直期望我們長進，也幫助我們克服困難。後來，我們這些兄弟姊妹中有十五個人完成大學學位，另外兩個人正在進修中。爸爸的期望總能引發孩子們對未來的憧憬。

他說：「孩子，等你上大學時，你就是我們家的先鋒。」

這些話常感動我，也讓我對弟妹們抱著希望，我們互相期許，全家動員起來，一起工作、讀書、唱詩和禱告。

有時，我也會對弟妹們說：「老弟，等你上大學時，我已經拿到學位了，到時候我會幫你的。」

父母親對孩子的期望要崇高，讓孩子知道你期望他勤奮向學，期望他做一位正人君子，期待他有毅力克服困難，希望他好學向上。父母對孩子永遠要抱著希望，那麼孩子就會有成長的動力，做一個有希望的人。

對孩子抱著崇高的期望，無異是給了他成長的動力。不過，父母所期望的不應該是成績，更不是追求功利，而是對孩子積極奮鬥的期許、克服困難的期待和做人做事的期望。

期望的表達必須透過平常心，恰如其時的說出，懷著信心的口吻，自然地表達對孩子未來的期望和欣賞。就是它，它能引發孩子的振作、毅力和成長。

# 如何孕育出孩子良好的品行

輕忽生活教育是父母的失職。

有一個人，他家樓上的鄰居，長期縱容孩子在地板上蹦蹦跳跳——地板震動的聲響令人不得安寧。

有一天，噪音吵得他無法承受，便打了電話請樓上的家長稍做約束。結果，卻引來了對方憤怒的責罵。

「你不知道孩子就是要跑跑跳跳的嗎？他當然要跑要跳，這是正常的，你懂嗎？」高分貝的聲音令他錯愕。

他幾次與鄰居協商，希望他們稍加約束，因為孩子都已經上小學二年級了，但對方還是我行我素：蹦跳聲、尖叫聲、猛力的敲擊聲震耳欲聾……

後來，鄰居家的孩子也被父母親教得對鄰居惡臉相向。他實在受不了，只好搬家。

事隔十年，這個人又遇到了原來的鄰居，鄰居已經被自己的孩子折騰得憔悴不堪，孩子偷竊、中途輟學、遊蕩不歸，現在又犯了竊案，被送到感化院。

老鄰居說：「孩子根本就不自愛，不替自己想，也不會替父母想。」

「好好關心他愛他，大一點會好轉，會自愛的。」他安慰。

「我看，根深蒂固，無藥可醫。」

其實，這個人十年前就有預感鄰居的錯誤教育會貽害孩子的，但沒有想到種下的禍根竟會如此之深，反過來把父母親弄得一籌莫展。

孩子日常生活的行為，待人接物的態度，一旦固定成習，就成為性格的一部分。它將會影響到學校生活、讀書習慣、人際交往和品德的發展。

別小看日常生活的教養，它簡直是孩子的命運。那些疏忽生活教育，不重視禮貌、責任和相互尊重的家庭所培養出來的孩子，既不會友愛別人，也不會自愛。

事實上，父母教導孩子要從日常生活開始：

1. 要學習尊重別人。替自己想，也要替別人想。

2. 生活習慣將影響其一生。別輕忽關門、開門、走路、作息這些生活小事，草率和魯莽，不但養成不愛物、不惜福的習慣，更會因為粗心而造成無法彌補的災難。

3. 縱容孩子所得到的歡笑，是一種假幸福；如果你以縱容稚情為樂，則無異飲鴆止渴。

4. 沒有教養的孩子，往往得不到好人緣；在班上得不到同學的接納和肯定，而導致自我價值感低落，造成更多偏差行為。

教育要從走路、吃飯、說話、穿衣、分享、尊重等生活實務中做起。透過良好的身教做起，才會有效。說教的效果是沒有什麼用的。

# 如何教孩子誠實

教孩子誠實就是給了他希望和光明。

有一個地方，以產柑橘聞名。上等的柑橘都以高價收購出口，不過管制很嚴，例如：採收時必須小心輕放、不能碰撞，果皮長黑斑的必須淘汰。

一個孩子利用寒假打工，幫農人採收橘子，看到有些農家竟然把淘汰下來的柑橘，經過洗刷之後，蒙混送檢出口。

孩子說：「這樣做，柑橘到了國外就會腐爛，明年外國人就不買我們的橘子了。」這些人責備他多管閒事，警告說：「小孩子有耳無嘴。」禁止他再說下去。

第二年，果然柑橘的外銷數量減少，價格也下滑，原因是腐爛的比率太高了。這個孩子從這件事學會了誠實不只是對人的必要態度，同時也是接物的準則。後來他做水果生意時，很重視品質和分級，於是，他的顧客固定，經營起來也很順利。

美國前教育部長班奈德曾說：「誠實表現出自尊和尊重別人，不誠實則反之。」誠實為生命注入率真、可靠、坦白和光明的坦途，不誠實則生活於陰影和黑暗之中，我們必需教導孩子誠實，這無異於是給了他希望和光明。

誠實是一個人是否有信用的本錢。人若不撒謊，說什麼就是什麼，才會受到信任。誠實跟自信有關，有自信心的人無須撒謊，自信心差的人總要藉著虛偽和謊言來保住自己的面子。負責的孩子知道真誠地把事情做好；缺乏責任感的孩子為了逃避，才會假借各種理由，推三阻四。

誠實的態度沒有建立起來，不但為人不牢靠，做事也會馬馬虎虎。如果你沒有教會孩子誠實，將來勢必會引申出許多的麻煩，繼而產生偏差的行為。

# 如何教孩子懂事

在日常生活中發揮同情心。

孩子懂事，父母會覺得很溫馨，就好像辛苦的照顧教養，有了回報一樣。每當看到孩子體諒父母太忙，而自動幫忙做家事；父母受到傷痛，而能溫婉安慰；家裡面臨困難，而能自愛努力，做父母親的當然很安慰。

懂事的孩子，人際關係較好，領導能力亦佳。他們能跟別人一起合作，一起完成共同的作業；他們的感受性較高，能明白自己的行動會對別人產生什麼影響，因而獲得較好的友誼和自我價值。懂事的孩子，獲得成長和學習的機會自然比別人多。因此，誰都希望擁有一個懂事的孩子。

教會孩子以同情心待人，並在日常生活中演練。同情心就是俗話所說的「知道別人的輕重」，在日常生活中演練，是指善用生活中的題材，協助孩子發展解決問題的能力。

培養孩子的同情心，最好的方法就是角色扮演，跟孩子演練他遇到的問題情境。你可以讓孩子扮演父親或母親的角色，自己則扮演孩子的角色，然後演練一番。角色互換的演出，會幫助孩子瞭解別人，瞭解不同的立場。

當你的孩子閒談時告訴你，班上同學偷了別人的零用錢被老師嚴厲處罰時，你也可以採取角色扮演：「孩子，你扮演老師，我扮演小明。」在扮演中，他瞭解偷錢的原因，甚至於推展到「老師嚴厲處罰小明固然應該，但並沒有解決他偷錢的背後原因」。孩子在角色扮演時，會發展出另一種態度去看待事情。

對於小學年齡層的兒童，父母要常念故事給他們聽。偶爾你也可以就感人的一段，跟孩子做角色扮演，當然更可以把握實際情境，和孩子一起做角色扮演。比如說，孩子的課本遺失了，他不知道該怎麼辦而哭起來，父母可以在安慰他之後，進行實際演練如何解決問題。

爸爸說：「哭能解決問題嗎？你認為該怎麼做才好？」

孩子說：「我要買一本新課本。」

於是，進入演練買書的過程。從瞭解書要到哪裡買，怎麼打電話查出地點、價格和門市的時間等等，指導孩子從中學會實際解決問題的能力。最後，當孩子親自買到書時，自會有很高的成就感。

孩子遺失了課本，有些父母很快就買給他，怕他擔心難過，或被老師責罵，這樣一來什麼也沒有學到。有些父母則愛之深，責之切，把孩子先叫來教訓一頓再說。

我覺得，生活中有許多事情，是教育孩子最好的題材，必需要有效地運用它，把孩子教得能幹懂事才對，而不是消極的責備。

# 教孩子懂得通情達理

以溫和而堅定的態度，貫徹生活規範。

為人處世，最重要的是懂得通情達理。簡單地說，一個明白事理的人，容易跟別人合作，人際關係較好，心情穩定，對事情的判斷力也比較正確。因此，你要教會孩子講理，更甚於任何知識。

講理的孩子不會找藉口跟你嘔氣，找理由敷衍責任，他的心智是健康的。

你不妨看看，為非作歹的人，總是找很多的藉口，然後一步步接近邪惡。心理不健康的人，也慣於尋找藉口，放棄理智和責任，才越陷越深。為了孩子的未來幸福，避免誤入歧途、失敗和心理疾病，父母一定要教會孩子講理。

孩子不講理，你會氣得跳腳；跟他們爭論、揶揄，你會大動肝火，甚至不分青紅皂白，把他羞辱一頓。

當心，你自己正陷入非理性的激怒之中，你的身教將傳遞給他們不講理或魯莽的作風；而這些不講理的作為，將會循環回來造成父母與子女間的對抗與衝突。

這裡有幾個技巧，能幫助父母教孩子講理。

1．必需減少相互衝突的機會。你不希望孩子吃太多糖果餅乾，就該把它收好，一次只拿適量出來，而非一盒都擺在那兒，以免他想吃，你制止，而使衝突增加，這無異於是教孩子不講理。

你不希望孩子看太多電視，奉勸你在孩子尚未長大到跟你起爭執之前，先自行做點節制。這類問題包括：打麻將、賭博、不當的娛樂等等。

2．溫和的開導，該罰則罰、該獎則獎。對於一般的生活規範，要溫和教導，如有逾越，也要溫和勸誡：「孩子，未經同意不能拿別人的玩具」、「時候不早了，急忙趕路心情會不好。」

對於不守家規，那麼就該處罰：「你去閉門思過，想通了再出來！」孩子兩三分鐘就會出來，說明自己的錯誤，表示願意改進。但別忘了，當孩子做得好時，要給他獎勵。

3．對於要求的事要約法三章。看到孩子的衣服、玩具、文具雜亂不堪，會引起你的生氣和指責，因此要在家裡設個簡易佈告欄，要求孩子有哪些是該做的事。

寫在那兒，提醒他們，比一再重複嘮叨要有用得多。要記住，要求孩子打掃、整理房間、做家事的時間，是可以彈性調整的。這能使孩子變得講理，而且有彈性的調整作息，對未來生活適應亦有好處。

4.要記得先指導、示範，再要求。這能讓孩子做起事來很順利，增強信心和主動的意願。不先教孩子怎麼做，等到做錯了再責備他「你這笨東西！又把事情弄砸了！」這是教育孩子的禁忌。

講理是從生活和日常事務中培養出來的，講理的孩子來自講理的家庭氣氛，以上幾招蠻管用的。

## 讓孩子主動的做家事

清楚的提醒和保持彈性是要訣。

一位老師家的兩個孩子還在小學就讀時，為了提醒他們做家事，便用報夾夾一疊舊報紙掛在客廳醒目的地方，上面以粗的簽字筆記載著該做的家事和功課。

例如：放學回家，請你們幫忙：

一、按下電鍋煮飯。
二、整理書架。
三、看電視要控制時間。
四、冰箱裡有點心。
五、哈哈！（也可以畫個笑臉）謝謝你們！

等老師下班回家時，家裡總是有條不紊：孩子功課已做得差不多，電視節目中有意思的話題也能講給大家分享。

只要家長懂得示範，做個好榜樣，提醒孩子去做，孩子是自動且能幹的。有時，為了提醒孩子做特定的家事，比如：打掃房子，提示就必須清楚明白，而且在執行上保持彈性：「周末期間，請自己找時間打掃書房和客廳。」

運用家庭佈告欄提醒孩子做功課、遵守生活作息和規範，是相當有效的。同時，可以避免給孩子嘮叨的感受。但是使用這種提醒法，要注意以下原則：

1．列舉要做的事，一次不宜太多。

2．做到了就給予獎勵或表示欣賞。

3．保持彈性；所規定的時間與範圍，由孩子自行決定執行。

孩子萬一忘記了，稍加提醒就可以。關鍵在於你怎麼提醒他們，而不是強烈的責罰。

做家事能培養孩子身手靈巧、主動勤奮和對挫折的忍受力。做家事的孩子，大多品學兼優，未來的發展潛能也比較好。根據一項追蹤研究，會做家事的孩子比較積極主動，人際關係較好，他們進入社會後高薪的可能性是一般人的四倍，失業的可能性比一般人少十五倍。

尤其在都會地區，孩子們協助家人做事的機會少，倘若連家事都不做，將來不免笨手笨腳，對於日常生活的適應能力自然較為遜色。因此，父母親要多指導、帶領孩子做家事。

然而孩子好玩，所以很容易分心，忘了大人交代的工作。一般父母會認為他們懶，便以責備和懲罰的方式，強制孩子就範，弄得孩子討厭做家事。

其實，引導孩子做家事的方法是示範、提醒與合作。先教會孩子怎麼做，提醒他該做什麼，並採取分工合作，大夥兒一起來的方式，以助長工作的良好氣氛。

# 不過度溺愛孩子

愛之過足以害之，尤須謹慎。

有一些孩子的父母親感情很和睦，家庭生活也很安定，孩子卻出現行為偏差或對生活的適應困難。

他們的父母親會問：「我們的家庭，怎麼會養育出這樣的孩子呢？」仔細觀察研究發現：這些孩子什麼都有，物質環境良好，獨缺積極進取的動力；家庭生活正常，卻滿腹牢騷，常與父母爭吵；生活安逸，卻表現得散漫無章，經常不上學，喜歡與輟學生鬼混。這些孩子的父母談及自己的子女，都會頓足、痛心、落淚。

總歸起來，這些線索都是導致寵壞孩子的因素，只要能避開這些陷阱，孩子就能教得好。寵壞孩子的因素如下：

1. 總是把孩子擺在第一位，以孩子為家庭生活的中心，處處遷就他；孩子就學會凡事以自我為中心，不懂得考慮別人的立場。父母處處順著孩子，哄他高興；溺愛太過，孩子需求的也多，衝突和不聽話的機會就大大提高。

2．對民主的家庭教育一知半解。在家裡，如果凡事都要徵得孩子同意，不敢勉強孩子做該做的事、遵循該遵守的生活規範，孩子的生活沒有章法，便容易跟同學和家人起衝突，其人際互動亦較差。

從小不重視生活規範的孩子，到了青春期，生活更容易紊亂失序，卻經常會對父母大吼：「你少管我！」而父母卻對他束手無策。

3．怕孩子受挫折。許多父母親相信，挫折會造成壓力，或者因此而失去信心，因而努力保護孩子，使其免於受到挫折。結果，孩子反而更怕挫折，缺乏再接再厲的毅力。長大之後，稍有不如意便想逃避。

許多青少年經不起挫折和挑戰，整天賴在家裡，不敢面對現實，實肇因於受保護太過。

其實，在正常環境中，本來就是有順有逆，只要不是經常受到挫折，且能因勢利導、善於鼓勵，不做貶抑和批評，適度的挫折反而有益於心理的健康。

4．玩具和物質獎勵太多。父母太疼愛孩子，希望他高興，從小便用玩具討好他。結果孩子越來越依賴被討好，發展使自己快樂的活動主動性減少，自製玩具或自創遊戲的興致也下降。目前流行的電動玩具，會把孩子局限在人與機器的互動上，而未能發展與同伴相處的能力。

此外，長期沈迷電玩，主動、好奇和創意的天性將受到壓抑，對於情緒和智力，亦造成負面影響。

以上四種因素都足以寵壞孩子。寵壞孩子是在不自覺中造成的，特別是愛得深、寵得深，幾乎無法覺察它的為害。時日既久，孩子年紀漸長，惡習已然養成，屆時悔恨為時已晚，不可不謹慎。

# 對孩子要及時管教

父母缺乏用心，會讓孩子誤入歧途。

周末的飛機上旅客多，全機客滿。飛機才剛起飛不久，一個年齡約四歲的孩子開始不安分起來。他的父母就坐在他的兩側，不過兩個人都很冷漠，不理會孩子。

孩子越來越躁動，開始站起來玩座位上方的照明燈，並干擾機上其他的乘客。空服員很客氣地過來安撫孩子，要他坐下來，但他的雙親仍漠然不做聲，縱容孩子把冷氣孔當玩具玩。

孩子一路騷動，空服員一路安撫，父母親偶爾把他抱下來，嚇唬幾句，然後又是冷漠地癱坐在那兒。

「那孩子是不是過動兒？」旁邊的人議論著。

「不是，過動兒不是這樣。」

「那麼，孩子怎麼會那麼難管教，那麼不聽話？」

「因為他的父母親冷漠，不理會他，孩子無聊就會東摸西扯，靜不下來。長期缺乏與父母交談，生活規範一片空白，即使空服員安撫也沒有效果。」

「那不就像野孩子了嗎？」

「是的，我稱這種現象為：失教的孩子。他們的父母懶得理會孩子，養而不教，沒有愛、同理心和交談。父母的冷漠，使孩子缺乏交談的對象，在語言、智力、情緒上的發展均受限制。這個孩子所缺乏的就是這些，所以我稱它為失教。父母親如果不及時改弦易轍，好好請教專家，把孩子帶起來，不但不聽話的傾向會越來越嚴重，偏差行為和犯罪的傾向亦越見明顯。」

孩子不乖怎麼辦？詢問的父母親，都想從專家的口中得到有效的處方，期望藥到病除。

事實上，不乖是經過長時間養成的習慣，而且影響的因素不盡相同，但共同之點是未能及時管教。

# 為孩子播下成功的種子

事前的鼓勵與成事後的讚賞，是促使孩子學習的動力。

一天，一個十歲的孩子和父母的朋友一起去爬山。由於初次見到父母的幾個朋友，孩子顯得有些怕生。

一路上，父母的朋友跟孩子閒聊，說她能幹，對周邊的觀察很敏銳，很有科學家的精神。後來，她很樂意跟父母的朋友走在一起，並顯得愉快，談論的也更多。新朋友便提議她沿著山路觀察岩石的變化。一路走上去，搜集了許多形狀、顏色不同的小石頭。

大家到了山頂，先是欣賞山光幽谷，吃了野餐點心，大夥兒便坐著休息。父母的朋友建議孩子：「把石頭一個個依登山路線的順序排列看看。」

她小心翼翼地排列起來，仔細觀察，回過頭來說：「越靠近山頂的石頭顏色越淺，越靠山谷的石頭顏色越深！」

「為什麼？」

她想了想，摸一摸那些石頭，然後興奮地說：「啊！越靠近火山口的地方顏色越淺，是不是溫度越高的緣故？」

孩子的話引起大家的熱烈討論，也都讚揚她的觀察和歸類能力。孩子高興的神情溢於言表。

要離開時，大家還為石頭照了相。孩子一再觸摸觀察，依依不捨地離開，說：「我要把今天的發現和討論，帶回學校跟同學分享。」她的目光正閃爍著好奇與滿足。

我們如果希望孩子有個成功的未來，那麼現在就應該為他播下成功的種子。就心理學的觀點來看，與其說成功是努力奮鬥的結果，還不如說它是一種健全的心理特質。

這些特質是良好的信心、主動、好奇、情緒穩定和合作的態度。如果能從小就培養這些特質，孩子長大必是一個成功的人。

這些習慣不是用口頭說明、叮嚀或訓誡所能培養的，而是從日常生活經驗中，慢慢養成，漸漸形成習慣，最後結合成一種從容，能勝任自己的職責，看起來開心，讓人看了也能產生信任感的氣質。

我覺得要培養這些特質，要從適當的鼓勵和引導入手。

父母親要懂得鼓勵孩子，早在嬰兒對自己微笑時，就該以溫馨的笑容對他鼓勵。乃至兒童或青少年時期，無論嘗試做什麼，都要事前鼓勵他「我知道你辦得到」。

辦到了就要說「你果然做到了」！鼓勵孩子的優點，欣賞他的能耐。無論是唱歌、創作、家事、接待客人，父母要先做示範，在平常生活中預做講解。時候一到，孩子就能表現出正確的行為，這時水到渠成的鼓勵和欣慰，可不能吝於表達。

# 教孩子重視道德

## 透過日常的生活經驗建立道德規範。

美國雷根時代的教育部長班奈德，在他卸任之後編寫了一本《美德書》，強調道德教育的重要。

他在書中說：「對於孩童的生命最具影響力、最具決定性的，莫過於沈默的生活規範所發揮出來的道德力量。除了規範、習慣和範例之外，還需要道德的認知能力。」

他用故事、詩、散文和其他作品，幫助孩子認識道德。當然，他更重視身教的示範，因為孩子必須親眼看見大人以嚴肅的態度實踐道德。

孩子需要一套道德價值和生活準則，以便用來判斷是非善惡，諸如：誠實、友愛、負責、正義、信仰和對生命的珍愛等等。他們也需要以具體易懂的基本生活規範，來作為發展自律的基礎。這些作息、待人、學習、工作和娛樂的好習慣，若在童年之前沒有形成章法，未來他的人際關係、情緒和自尊的發展，將受到阻礙。

道德的能力是一個人心理健康的重要資源，同時也是生活幸福的動力。因此，父母親應該重視孩子的道德教育。

道德教育很容易被誤解為嚴格遵守的準則規範，而造成良心的責備、內疚、刻板和聽命於權威；也易被錯解為要求孩子十全十美，跟自己的想法一模一樣。前者造成心智的扭曲和心理的不健康；後者則易生反抗，導致道德教育的失敗。

道德教育是透過生活經驗、習慣和認知建立起來的高級心智力量。它有三個必須把握的要領：

1. 在日常生活中發現或建立規範。
2. 身體力行，父母師長要以身作則。
3. 孩子表現出來的善行，要予以肯定、欣賞或獎勵。

如果你拿著道德準則，嚴格要求孩子去遵守，往往會事倍功半。因此，最好的辦法是在經驗中建立道德準則，在孩子能領會的故事、詩篇和散文中，辨識善惡是非。

以下幾種方式，對孩子道德能力的發展，具有良好的效果：

1. 在生活經驗中判斷是非善惡，建立規範，付諸力行。
2. 說故事、讀傳記、唸詩和散文，並透過交談，分享感受，從而發展道德的認知。
3. 透過家族聚會、社區活動和學校經驗，學習待人接物的正確態度與規範。
4. 從宗教信仰中，領悟生命的意義與價值。

孩子們張著眼睛在看，豎起耳朵在聽，大人怎麼做，孩子怎麼學。父母自私，待人冷漠，孩子學會的就是短視和淺薄；父母一天到晚打牌，不務正業，生活作息不正常，孩子的行為自然失序。或者父母一味求好，嚴格管教，經常諷刺、批評和責罵，孩子沒有學會道德規範，卻學會憤怒和敵意。

道德教育是孩子人生的根基，是立身處世的守護神。道德能力好的孩子，就能開展健康的身心和幸福的生活。

現代親子
32

# 抱緊那個愛你的孩子

雅致風靡　典藏文化

親愛的顧客您好，感謝您購買這本書。即日起，填寫讀者回函卡寄回至本公司，我們每月將抽出一百名回函讀者，寄出精美禮物並享有生日當月購書優惠！想知道更多更即時的消息，歡迎加入"永續圖書粉絲團"您也可以選擇傳真、掃描或用本公司準備的免郵回函寄回，謝謝。

傳真電話：（02）8647-3660　　電子信箱：yungjiuh@ms45.hinet.net

姓名：　　性別：□男　□女

出生日期：　年　月　日　電話：

學歷：　　職業：

E-mail：

地址：□□□

從何處購買此書：　　購買金額：　元

購買本書動機：□封面 □書名 □排版 □內容 □作者 □偶然衝動

你對本書的意見：
內容：□滿意□尚可□待改進　編輯：□滿意□尚可□待改進
封面：□滿意□尚可□待改進　定價：□滿意□尚可□待改進

其他建議：

剪下後傳真、掃描或寄回至「22103新北市汐止區大同路3段194號9樓之1雅典文化收」